U0936402

汉译世界学术名著丛书

通过法律的社会控制

〔美〕罗斯科·庞德 著

沈宗灵 译

楼邦彦 校

2017年·北京

Roscoe Pound

SOCIAL CONTROL THROUGH LAW

本书根据耶鲁大学出版社 1942 年版译出

汉译世界学术名著丛书
（120年纪念版·珍藏本）
出 版 说 明

2017年2月11日，商务印书馆迎来120岁的生日。120年前，商务印书馆前贤怀揣文化救国的理想，抱持“昌明教育，开启民智”的使命，立足本土，放眼寰宇，以出版为津梁，沟通中西，为中国、为世界提供最富智慧的思想文化成果。无论世事白云苍狗，潮流左右激荡，甚至战火硝烟弥漫，始终践行学术报国之志，无改初心。

迻译世界各国学术名著，即其一端。早在20世纪初年便出版《原富》《天演论》等影响至今的代表性著作，1950年代后更致力于外国哲学和社会科学经典的译介，及至1980年代，辑为“汉译世界学术名著丛书”，汇涓为流，蔚为大观。丛书自1981年开始出版，历时三十余年，迄今已推出七百种，是我国现代出版史上规模最大、最为重要的学术翻译工程。

丛书所选之书，立场观点不囿于一派，学科领域不限于一门，皆为文明开启以来，各时代、各国家、各民族的思想与文化精粹，代表着人类已经到达过的精神境界。丛书系统译介世界学术经典，引领时代思想，为本土原创学术的发展提供丰富的文化滋养，为推动中国现代学术和现代化进程做出了突出的贡献。

为纪念商务印书馆成立120周年，我们整体推出“汉译世界学术名著丛书”120年纪念版的珍藏本，寄望既利于文化积累，又便于研读查考，同时向长期支持丛书出版的译者、编者和读者致以敬意。

两甲子后的今天，商务印书馆又站在了一个新的历史时间节点上。我们不仅要铭记先辈的身影和足迹，更须让我们的步伐充满新的时代精神。这是商务人代代相传的事业，更是与国家和民族的命运始终紧密相连的事业。我们责无旁贷，必须做好我们这代人的传承与创造，让我们的努力和成果不仅凝聚成民族文化的记忆，还能成为后来人可以接续的事业。唯此，才能不负前贤，无愧来者。

商务印书馆编辑部

2017年10月

目　　录

第一章　文明和社会控制

据说威廉·詹姆士*曾经说过，任何一个问题的最大敌人就 1
是这一问题的教授们。他这样说，是指的像医药和法律这类实际
活动。在这些实际活动中，从事实际业务的人不断地与生活和自
然界的事实保持接触。他从经验里得出他的观念，而且必须经常
加以改变，并改造他的理论，使其适合于必须应用这些理论的事
实。另一方面，教授却从其他人的关系中去认识那些生活和自然
界的事实，并且假定这些东西都是别人给予他的。他从这些事实
中进行概括并整理出各种概念和理论来，然后再从中推论出更多
的概念和理论；根据这些事实，他建立起一套顽强的、违反生活和
自然界事实的和非常固执的教义，并企图使生活和自然界符合他
的理论模型。对于我们从事各门社会科学的人，这种看法包含着
一个警告。仅拿我自己的专门领域来说，当我们回顾过去时，我们 2
见到五十年以前的法官和律师在关于法律的业经证明具有重要意
义的运动里，完全走在法学家和法学教师前面，这肯定是真确的事
实。那时法律科学到处落后于立法和司法判决的实际进程。当法

* 威廉·詹姆士（William James，1842－1910年），美国实用主义首创人之一。——译者注

律科学一有实际影响时，它就起阻碍作用。我们今天对于上一代涉及社会立法的司法判决感到不满的大部分东西，就代表了当时所教授的最时新的法理学科学。来自各种未被承认的、部分被承认的、未被保障的或未被充分保障的利益的压力，往往使十九世纪的真正法律完全走在当时法学理论的前面。

组成一个法律体系的那部分法令(precept)，包含两种成分，
一种是命令性成分，一种是传统性成分。前者是立法者的创作。
3 哲学家通常对立法者提供指导。但是他多半认为自己赋有一种支
配的权力。传统性成分是经验的产物。在古罗马，它是从法学家在解答关于法庭上实际争讼的各项问题的经验中产生的。在我们的法律中，它是从法院判决案件的经验中和法官们从有记录的司法经验中努力去寻找对具体争端中出现的新问题进行判决的原则中产生的。因而，我们就有作为命令的法律，还有在经验的基础上作为对正义的确定和陈述的法律。它们各自谋求建立正义的法令。所以，它们各自都受某种理想的支配。在十八世纪以及在我国的十九世纪前期，自然法理论曾为立法机关和法官提供这种理想。这是对一切民族、一切时代和一切地方都具有普遍效力的一整套理想法令的理论，这批理想法令来自关于一个理想的人打算做和不打算做、打算主张和打算承认别人主张的观念，并且是基于纯粹理性而得出来的。

在罗马法的古典时代以及在十七、十八世纪欧洲和美国的法
律中，哲学作为在自然法支配下的法律的指导处于全盛时期。每
4 一本法律著作都有一篇哲学性的导言，而重大的法案往往有一段
哲理性的序言。但是除开这个理论所遇到的哲学上的困难以外，

自然法不能使自己成为制定和发现法律的一个有用的工具。当自然法自称是理想的和普遍的并来自普遍理性的东西时，正像我一向惯于说的，它事实上是一种实在的自然法，而不是自然的自然法。它是对一定时间和地点的实在法的一种理想化翻版，所以在实际上，这就使法律提供对它本身的批判。例如，当英国人在槟榔屿建立了一个法院，而且必须对一个没有法律的社会执行司法时，有人认为这个法院应受自然法的支配。可是当枢密院司法委员会的韦斯特伯里勋爵*就这个法院的一起上诉案件适用自然法时，其结果是，普遍的自然法甚至在细节上都是和英国法律一模一样的。

在十九世纪后期，随着自然法的崩溃，特别在英语世界里，我
们曾企图不要哲学。事实是，某些法令虽为法院所适用，但其后盾 5
则是法院院长和他的下级部属。这些法令盖有国家的金制印章，并为政治组织社会的强力所支持。这就是我们能够依靠的东西了。这些法令乃是纯粹的法律事实。科学的法学家对于凡是没有这种金制印章和不为强力所支持的任何东西，一概不加以考虑。但是法院和律师一定会告诉我们，这种纯粹的法律事实是一种幻想。他们不能忽视法律中的一种理想成分，即使法学家业已将它丢开不管。当人们要求法院就各种具有同等权威的论证作出发点进行选择时，当人们要求法院解释一项法令的本文时，当人们要求法院将一个标准适用于行为时，法院就离开法学家的纯粹法律事实，而使他们的决定去适应一个理想。因此在本世纪开始时，自然

* 韦斯特伯里勋爵（Lord Westbury，1800—1873年），英国大法官。——译者注

法就必然恢复，虽然并不是始终用这一名称，而且这一次也并没有
6 给我们一个关于理想法令的普遍法典。现在自然法的任务不是给
我们一批理想的普遍立法，而是给我们一种对实在法中的理想成分的鉴定。即使绝对的理想不能被证实，这种鉴定可以确定和陈述出一定时间和地点的社会理想，并且使它成为对各种论证、解释和适用标准的出发点进行选择的尺度。就像有人讲过的，我们可以有一种内容正在起着变化或形成着的自然法。

因此，在本世纪前期，就出现了法律哲学的复兴。大约在同时，孔德*在百年前所创立的社会学，即关于社会的科学，已在各门社会科学中取得了它的地位，而法律社会学也同各种社会法律哲学一起出现。但是学者们在这方面进行工作时，同样太缺乏对司法所必须处理的各种问题的知识，而且往往对各种法律体系传统成分中所陈述的、由理性所发展的经验缺乏掌握。因而，我们就
7 不得不发展一种哲学的法律科学，即哲理法学，和一种社会学法
学。我们求助于哲学、伦理学、政治学和社会学，但只是在那些被认为是法学的问题上求助。我们研究一切意义上的法律，把它当作广义的关于社会的科学的一个很专门的方面。

哲理法学理论曾被视为解决一定时期的特殊问题的办法，然后给以普遍的形式并使其用在任何地方的法律秩序的一切问题上。我们所要的并不是一种企图削足适履地强使法律适合于它的体系的法律哲学，也不是一种陷于方法论之中的、企图通过证明它

* 孔德（Auguste Comte，1798－1857年），法国实证主义哲学家，社会学创始人。——译者注

具有自己的可以测定一切社会生活现象的专门方法，来为一门关于社会的科学进行辩护的法律社会学，我们所要的不过是一种知道如何利用哲学的社会学和一种知道如何利用社会哲学和哲学社会学的社会学法学。

回顾一下这一世纪的四十多年以前，我们见到已经有了很多
成就。施塔姆勒[*]复活了法国人的所谓法律上的唯心主义。如果 8
说他并没有为我们解决问题，他却向我们指出了问题所在。他力图使我们意识到实在法中的理想成分并力图建立关于它的理论，而十九世纪的自然法曾力图加以批判；这正像在施塔姆勒以前康德曾力图建立一些立法的原则，而康德的先辈却力图找出一部普遍的法典一样。狄骥[**]给了我们一种关于这一世纪初城市工业社会的理论，作为今天法律的理想成分的理论。他的理论是一种社会学的自然法。他设想法律中的每样东西都是从一个“权利和法律”的基本原则获得效力，并根据同一基本原则来加以判断。他继孔德之后力求通过观察得出上述原则，并通过进一步的观察来加以证明。事实上，他是按照涂尔干[***]关于社会分工的著作来进行他的观察。今天狄骥并不像过去那样时髦了。但他曾起了有益的影响。惹尼[****]向我们表明了实在法中技术成分的重要性，并给了我们一种关于理想成分的新经院主义哲学理论。他的《私法

* 施塔姆勒（Rudolf Stammler，1856—1938 年），德国法学家，新康德主义法学首创人。——译者注

** 狄骥（Léon Duguit，1859—1928 年），法国法学家，社会连带主义法学首创人。——译者注

*** 涂尔干（Emile Durkheim，1858—1917 年），法国早期社会学家，曾在其主要著作之一《社会分工论》中宣扬社会连带主义学说。——译者注

**** 惹尼（François Gény，1861—1944 年），法国法学家。——译者注

实在法中的科学和技术》一书并没有得到应有的重视。这本书论
9 述到我认为是法学的一个根本问题，即评价利益的尺度，它还论述到为前一世纪的分析法学所忽视的法律的两种成分，而且他都以一种崭新的和启发的方式来对待它们。奥里乌*给了我们一种关于组织的理论，这些组织是今天社会中社会控制的重要手段。在我看来，他的理论，一种新经院主义哲学的团体主义，归根结底在试图解释和建立起一种关于成为今天社会中最活跃的集团，即劳工组织的理论，而在英语世界里，这些劳工组织无论在使用法律外的强力（当国家被认为具有对强力的垄断）时，还是控制政治组织社会的强力来达到它们的目的时，都正在成为占统治地位的要素。他所称的各种各样团体——即一些与某一时候的人物无关而一直存在的事物，它们的某些活动是不包括它们的人物在内而组织起来的，并且它们还设立了自己的权力机关和程序——这些每一个
10 都在实现着自己的观念的各种各样的团体将代替一大群个人，其中每一个人都在一种永不终止的实际的或潜在的冲突或竞争中运用他的意志，康德曾力图对这种冲突或竞争加以安排。重要的是，我们在这里有了一种从个人以外去寻找单位的理论，同样重要的是，当这一问题正挤满在私法中时（甚至在公法具有私法观点传统的英语世界中也是如此），上述理论已很广泛地为公法作者们所接受。在这以前，埃利希**已向我们证明了作为法律秩序基础的各种关系、集团、联合以及它们之间的内在秩序在社会中的重要意义。

* 奥里乌（Maurice Hauriou，1856—1929年），法国法学家，首创团体法学。——译者注

** 埃利希（Eugen Ehrlich，1862—1922年），奥地利法学家，欧洲社会学法学首创人之一。——译者注

他关于各种关系、集团和联合的内在秩序的这一观念，应该同经济决定论者们眼中的社会统治阶级强加意志的看法加以比较。他的关于包含在组成人类社会的各种关系和联合中的各种社会事实的复合体这一概念，应该同狄骥在一个经济秩序中所观察到的和检验过的社会相互依赖关系的事实加以比较。他的关于他所称的活 11
的法律对各种概括和公式的反应的观念，以及他的关于那些不再反映重要关系与联合的内在秩序的各种法令和公式的观念，应该同只看到个别法官的个人行为倾向的怀疑论现实主义者的见解加以比较。他为社会学的比较法或显然正在发展中的比较社会学法学，作了一个重要的开端。

把埃利希和奥里乌同古代的和十九世纪的观念加以比较，是有益处的。古罗马人似乎在有一个时期曾以为个人是一个集团。他们竟设想只有一个人的家庭。一个人可以是只由他本人组成的一个家庭的 paterfamilias〔家长〕。这当然要回溯到以血亲集团为单位的血亲组织社会，古代社会正是从（或不久以前才从）那种社会里产生的。在一个以个人为单位的社会里，我们惯于把集团或联合认为是个人的集合体，而在法律上曾把联合认为是一个虚构 12
的个人。上一世纪之难以设想集团或联合，就像古代之难以设想单独的个人一样。我们必须再一次想到祁克*、埃利希和奥里乌使我们理解，我们必须要再一次想到各种关系、集团和联合。其实，马克思的阶级斗争理论在同一方向树立了另一类型的思想。当个人独立性和自由个人意志的重要意义曾经是十九世纪法律科

---

* 祁克（Otto Friedrich von Gierke，1841—1921 年），德国法学家。——译者注

学的中心思想时，涂尔干的社会学和狄骥的通过分工的社会相互依赖学说，还为可以称为团体秩序的现象的兴起指出了方向，而这种秩序又必须同意大利的组合国家观念加以比较，在组合国家观念中，法律单位并非个人而是职业集团。所有这一切从不同角度提出的理论，都是普遍化了的关于今天的都市、工业社会的理论。

这些为我们描绘出一幅精确的现实社会图画的企图，必然要
导向对作为实在法一部分的公认理想进行哲学批判。为了使理想
13 成为与我们调整关系和安排行为的那些问题有关的画面，上述的
那些企图是必要的。当其中的某一种企图或取而代之的某一种同
类的企图成为公认的、权威性的图画，传统式地教给法律工作者
们，为这一专业并因而也为法官和行政官吏所接受时，它就将暂时
成为实在法中的理想成分了。看一看那些用来充当法律秩序的理
想和作为法律中的一种理想成分而得到具体体现的那些社会秩序
的理想，看看它们如何随着它们所描绘的社会秩序的变化而逐渐
地变化着，这是很有启发意义的。中世纪法律在亲属关系组织的
社会中起着作用，法律的目的似乎是在这一社会中和谐一致地维
护社会现状。自由竞争式的自我主张，在中世纪社会里，就像在希
腊城邦的社会里一样，是不能立足的。在亲属组织的封建社会崩
溃后很久，人们还可以见到这一类社会的理想继续存在。在十六
14 世纪以后，一种自由竞争式的独立个人的社会理想，随着近代经济
秩序的发展而慢慢成长起来，并在法学思想和法律传统中代替了
起源于古代并在中世纪建立起来的理想。这种较新的理想在十九
世纪得到了充分的发展。诚然，它的最大限度的个人自由的自我
主张概念，被康德表述为我们后来所称的法律正义。但在上一世

纪结束以前，在那一世纪的公认理想中所描绘的那个社会已经开始转变，而那种理想也就慢慢地（虽然是顽强地）退出历史舞台了。

全世界的法律现在正处在一种困难的情况下，这种困难说明了三十年来对于各种法律制度和法律正义所进行的许多公开的攻击。人们对法律不满意并且愿意尝试一下不要法律的治理，因为他们感到，（正如有的人所说的）法律一直没有合法地运行。特别在应付许多新问题和力图保障一个正在变化的经济秩序中许多新产生的迫切利益方面，法律不符合人们对它的期望。这种情况产生于公认的理想对今天法院所受理的各种冲突的和重叠的利益不能提供满意的调整。对这样一幅图画——自足的个人处在经济上 15
自足的近邻关系中并且在以自由竞争式的占有为基础的经济秩序中同他的邻人自由地进行着竞争，我们当然是不满意的。这种理想在上一世纪占有支配地位，它很容易适应一个垦荒式的、乡村的和农业的社会。我们完全知道这不是今天社会的真实图画。可是我们看不到用来代替旧图画的那个社会的精确图画。也许变化还没有达到我们能够描绘出新图画的程度，因而新的法律问题如何解决还没有头绪。人们对政治组织社会的强力放任自流。既然没有权威性的理想来指导这种强力，行使强力也就成了凭个人意愿、成见和偏爱办事的事情——这些正是法律力图压抑的东西。强力统治试图担当法律统治的工作。纵使我们倾向于给予十九世纪最后年代里所实行的法律统治以坏的评价，我 16
们也不能不看到，它对文明所做出的成就比今天强力统治对文明正在做出的要多得多。

为了说明为什么我要从法律的理想成分这方面来探讨法律，

以及为什么我要从文明的观念、从作为维护文明之方法的社会控制的观念和从法律作为社会控制的一种手段或一个方面(从这个字眼的一种意义上说)的观念出发,上面这个稍为冗长的引言似乎是必要的。

不论我们把文明看作事实还是观念。我认为它是各门社会科学的出发点。有人曾经说过,文明是使人类力量得到最大可能的展现。因此,就有一种过程、一种由这一过程迄今带领我们到达的状况,以及一种关于这一过程及其所导致状况的观念。但是这种提出问题的方法,对于这一代人来说,太像黑格尔所用的方式了。因此,不如让我们说,文明是人类力量不断地更加完善的发展,是人类对外在的或物质自然界和对人类目前能加以控制的内在的或
17 人类本性的最大限度的控制。文明的这两个方面是相互依赖的。如果不是由于人们所已达到的对内在本性的控制,他们就难以征服外在的自然界。如果人们必须随时武装自己并经常害怕受到攻击;如果没有这样一个假设,即:在文明社会中,人们必须能假定其他人不会故意侵犯他们,必须能假定那些从事某种行为的人在其行为中将适当注意以免给其他人带来遭到损害的不合理危险,那么曾使物质自然界的许多东西有可能被控制起来供人类之用的研究、试验和调查,就不可能进行了。但是,如果没有对物质自然界已经达到的那种控制,今天生活在世界上的庞大人口也就不可能存身了。因而人们对内在本性的控制,使人们得以继承这个世界并保有和增加他们所继承的东西。各门社会科学必须研究这种对内在的或人类本性所取得的支配力——
18 它究竟是什么,它是怎样产生的,以及最重要的是,它是怎样得

以保持、促进和流传的。

这种支配力是直接通过社会控制来保持的，是通过人们对每个人所施加的压力来保持的。施加这种压力是为了迫使他尽自己本分来维护文明社会，并阻止他从事反社会的行为，即不符合社会秩序假定的行为。社会控制的主要手段是道德、宗教和法律。在开始有法律时，这些东西是没有什么区别的。甚至在像希腊城邦那样先进的文明中，人们通常使用同一个词来表达宗教礼仪、伦理习惯、调整关系的传统方式、城邦立法，把所有这一切看作一个整体；我们应该说，现在我们称为法律的这一名称，包括了社会控制的所有这些手段。混淆不清到了如此程度，以致在相传是柏拉图的一次对话中，苏格拉底被弄成将一本花匠的手册说成园艺术的法律，将一本烹调手册说成烹调术的法律，因为花匠和厨师的传统规则同祭司、道德家、法官和立法者这样一些有权宣布城邦习惯的 19
人的传统规则，在种类上是一样的。我们所称的舆论，就是伦理习惯的一种近代形式，它是组织在各种各样的自愿联合之中的。当伦理发展的结果产生了道德体系时，就出现一种法律发展的阶段，在这个阶段中，人们试图将法律和道德等同起来，使一切道德戒律本身也成为法令。有组织的宗教，在这个发展的主要手段中是相当重要的一个。在文明史的一段很长时期内，它负担了大部分的社会控制。很多早期的法律，接收了各种宗教制度和宗教戒律，并用国家的强力加以支持。在英国法律的早期，我们发现有一个盎格鲁-撒克逊的国王，像对基督教徒那样劝告他的人民保持和平，而不是像对臣民那样命令他们。当西罗马帝国崩溃时，教会在大约六个世纪内是社会控制的主要手段，而在中世纪后期，教会法庭

和教会法律，同国家的法院同等地分掌对调整关系和安排行为的
20 管辖权。法律中的理想成分，今天同宗教仍有密切的关系，当代的
一个重要法学家就告诉我们说，他认为哲学不能给我们以我们所
需要的价值尺度，我们必须仰赖于宗教。

在近代世界，法律成了社会控制的主要手段。在当前的社会中，我们主要依靠的是政治组织社会的强力。我们力图通过有秩序地和系统地适用强力，来调整关系和安排行为。此刻人们最坚持的就是法律的这一方面，即法律对强力的依赖。但我们最好记住，如果法律作为社会控制的一种方式，具有强力的全部力量，那么它也具有依赖强力的一切弱点。而且从十七世纪到上次世界大战时期国际法的成就说明，某种很像法律的东西，虽没有任何强力的支持，也能够存在并证明是有效的。

在一个不以个人为单位而以血亲集团为单位的血亲组织社会
21 中，法律的任务只是在各个好战集团之间保持和平这样一个简单
任务。如果一个血亲成员伤害了另一成员，就由血亲集团的内部纪律来加以处理。如果某一个血亲集团的成员伤害了另一个血亲集团的成员，就没有一个共同的上级来调整所产生的争端。而通常的结果就是血亲复仇。最早设计的法律制度，是通过要求被害血亲放弃复仇行为和规定旨在确定事实的机械的审讯方式，来调节并最终制止私人间的战争。这种维持和平的制度的观念，在增加了许多别的职能后，也还是继续存在。不过这种制度只以有限的社会控制为它的范围，大部分社会控制仍留给血亲集团的内部纪律、共同体的伦理习惯和宗教组织去处理。可是血亲组织作为社会控制的一个重要手段，实质上已经消失。现在比家庭还大的

组织只是由于感情、历史或社会目的才存在。甚至家庭，在都市生
活的条件下，也已失去了纪律上的有效性。少年法院和家庭关系 22
法院已接替了许多一度曾属于家长的管辖权。法官行使着处理逃
学和屡教不改行为的权力，法院程序代替了旧时父亲和儿子之间
在家庭边房里的谈话，这种谈话以前就是用来教训逃学儿童，使他
们畏惧上帝、父亲和警察的。

在血亲集团已不再是社会单位很久以后，甚至在政治组织社
会已获得了相当大的发展以后，宗教组织还是社会控制的一个有
效手段。古代社会中那些我们现在所称的法律，往往就是祭司们
所宣布的、并以悔罪和开除出虔诚社会等办法来保证执行的那些
戒律。在有法律的早期，很多这种东西都可以由国家接收过来，并
由政治组织社会的官员所行使的强力来加以制裁。在英国，直到
宗教改革时期；在欧洲大陆的有些地方，直到法国革命时期，都存
在一种教会法院和教会法律的体系，它同国家的法院和法律同等 23
地分掌调整关系和安排行为的职权。从西罗马帝国覆灭到十二世
纪，教会充当了社会控制的前锋。从一开始起，基督教徒们就被训
诫相互间不要诉诸法律。他们把他们的争端诉诸作为当地信徒们
监督的主教，由他来告诉他们虔诚的基督教徒在这样一种场合下
应当怎样行事。从这里就产生了主教法院和一整套法院的教阶体
系。不久，以圣经本文、基督教教父著作、宗教会议教规以及教皇
的决定和诏谕为基础的、供这些法院之用的一套法律，就成长起
来，这种法律对我们今天的法律作出了很多头等重要的贡献，并且
在当时是维护和促进文明一个最重要的手段。但是不管宗教现在
还占有多少地位，宗教组织已丧失了它们对人类的权力。社会控

制已完全世俗化了。

24 道德的背后不曾有过这样有效的组织作为支持。可是血亲集团却对其行为为本亲属带来耻辱的血亲成员加以约束。在罗马，一种监察道德的权力，开始时属于作为罗马族人家长(罗马族被当作是一个血亲社会)的君主，后来则转入共和国的法官之手，而且在法律中留下一些残余，一直传到近代世界。纵使这样一些东西在政治组织社会中已不再存在，可是同业公会、工会、社会团体和兄弟会组织，用它们的各种伦理法典、规章、行为标准或做什么和不做什么的准则，正在日益增加着对个人行为的控制，虽然都要从属于国家的法律。

但从十六世纪以来，社会政治组织已经成为首要的了。它具有，或者要求具有，并且就整个来说事实上保持着一种对强力的垄断。所有其他社会控制的手段被认为只能行使从属于法律并在法律确定范围内的纪律性权力。英国的法院可以恢复被一个社会团体错误地开除出去的人的会员籍。一些法院曾判决过，被信托作

25 为教会用途的财产，是否是按照教会教义(财产因这种教义而授予)而使用的。家庭、教会和各种团体在一定程度上起着在现代社会中组织道德的作用，它们都是在法律规定限度内活动并服从法院的审查。今天，社会控制首先是国家的职能，并通过法律来行使。它的最后效力依赖于专为这一目的而设立或遴选的团体、机构和官员所行使的强力。它主要地通过法律发生作用，这就是说，通过被任命的代理人系统的和有秩序的使用强力。

可是，如果假定政治组织社会和它用来对个人施加压力的法律，对完成目前复杂社会里的社会控制的任务来说已经绰绰有余，

那是错误的。法律必须在存在着其他比较间接的但是重要的手段——家庭、家庭教养、宗教和学校教育——的情况下执行其职能。如果这些手段恰当地并顺利地完成了它们的工作的话，那么，
许多本应属于法律的事情将会预先做好。需要管制的反社会的行 26
为和与周围的人们处理得不好的关系，可以通过养育、训练和教育来加以预防，从而导致以理性为准绳的生活。但是都市生活和工业的环境严重地影响了家庭教养。它的作用，在大都市里远远不如在过去的小范围的、同种姓的邻居关系中那样有效。现时事物的普遍世俗化、对信念或教义的不信任以及冷酷的现实主义（像它自己认为的那样），削弱了宗教的势力。学校教育已成为我们支援社会控制的主要依托。可是它也已世俗化了，而且即使道德教养可以通过教育来达到的话，学校教育也不能与道德教养等量齐观。当法律将社会控制的全部活动纳入自己的领域后，法令的实施就成为一个尖锐的问题了。

关于“是怎样”的各种理论，对“应当是怎样”的各种观念具有显著的影响。人们倾向于做他们认为他们现在正在做着的事情。
当立法者被教导说法律是主权者的命令而他是主权者的喉舌时，他 27
就倾向于认为规定在“兹制定”等字样后面的一切都是正当的了。专横的立法用这些东西乃是主权者的意志这种说法来为自己辩解。当法官被教导说因为他的判决为他所决定的事情盖上了国家的金印，法院所判决的一切就是法律，而这也就是法令所要求的一切时，他就倾向于认为“兹受理并判决”等字样后面所写的一切都是正当的了。当一个行政官员被教导说法律就是他在职务上所做的任何事情时，他多半假定他可以在作出决定以前拒绝或忽视听取双方的

陈述，也可以违反人们曾认为的公正的基本准则，即任何人都不能作为对自己案件的裁判者，由他自己来接受申诉、进行调查、起诉、在自己面前为申诉辩护，并在一次程序中就这一申诉作出裁决。如果立法者、法官和行政官员被教导说，法律是政治组织社会行使强
28 力的威胁，那么他们就倾向于不去思考一下这种威胁的内容是什么，而只去考虑，在什么程度上用一般讲法来说，这种威胁能够行得通。随着专制政府在全世界的兴起，这样一些观念已经流行起来，而且给予独裁者以科学理论上的声援和慰抚。

当代法学和政治理论的首要人物之一热烈地倡导这样一种学说，认为法律不过是这样一种东西，即一些由政治组织社会中被指定的机构所制定的权威性规范和各种威胁的实施，这种威胁在一定的行为或情况出现时，不论它是好是坏都会有某种法律强制随之而来——这位当代法学家中的首要人物告诉我们说，唯心主义导致专制政治，他并引柏拉图的话作为证明。关于法律目的的绝对理想和价值的绝对尺度，在他看来，似乎会导致建立和维护这种绝对理想和绝对尺度的绝对统治者。

毫无疑问，这是一个自相矛盾的说法，但这却是一个这样的矛盾：关于正义的各种绝对观念曾导致了自由政府，而关于正义的各种怀疑论观念却和专制政治并行不悖。唯心主义将某种东西置于统治者或统治集团之上，用它来判断他们并使他们负责根据它来
29 进行统治。即令观念是绝对的，那些掌握政治组织社会的强力的人却不是绝对的。怀疑论现实主义者没有将任何东西置于统治者或统治集团之上。这样就没有用来判断他们的尺度，至多只有个人的主观意见，可是人们教导我们说，随便哪两个人必然不能有同

样的价值尺度,或者即使他们有的话,也没有一个人能证明他的尺度比另一个人的更高明。因而,正如圣保罗[*]所讲的,在没有法律的情况下,他们自己就是法律。他们做什么就证明他们所做的是正当的。正是统治者的这种态度,标志着一种专制政治。如同吉卜林[**]笔下的那个破门而入的恶汉一样,专制统治者就是以他们身上赋有的权威和强力来进行统治的。我并不想宣扬一种唯心主义的哲学信条。但是我确实要说:如果怀疑论现实主义的各种学说是新康德主义相对论在法学和政治学中的产物,那么在这样一些实际学科中我们必须根据相对论本身结果来判断相对论。但是,我认为答案似乎是我们不应该绝对化地来看待相对论。这一点我将在本书最后一章加以探讨。

我们能否承认,在当前的事实上,调整关系和安排行为是通过 30
由那些行使政治组织社会权力的人们适用强力来实现的,而且就到此为止了呢?我们能否说,实际上是政治组织社会的强力在实施立法者所规定的各种威胁,而站在强力的行使和各种威胁背后的是虔诚的愿望、迷信或托词呢?有些人感觉到,如同人们大概从两千三百年以前诡辩论者宣布了怀疑论现实主义立场以来就已感觉到的——我们一定要为法律找到一个较好的根据,一定要找出强力背后的某种东西,强力不可能是社会控制的最终现实;他们的确曾从一个立场被驱赶至另一立场,但是,他们却从来没有放弃关于在强力背后有某种永恒的或至少是相对永恒的东西这样一个观念。经院主义的法学神学家们在政府现象背后发现了真理——即

* 圣保罗(St. Paul),基督教《圣经》中初期教会主要领袖之一。——译者注

** 吉卜林(Joseph Rudyard Kipling,1865—1936年),英国作家。——译者注

《圣经》所启示的真理和理性所发现的真理。十七、十八世纪的法
31 学家看到了在这些现象背后的理性。十九世纪的形而上学法学家
们看到了一种可以用形而上学来阐明的无可争论的原理，从这个
原理中可以推导出法律来。历史法学家们看到了体现在人类经验
之中的一种自由的观念，从中可以引申出展现当时这种观念的最
高峰的法律制度。梅因*用黑格尔式的术语，将实现自由这个抽
象的一般命题说成是从身份进展到契约的具体的一般命题，因而
就使黑格尔和萨维尼**的学说，似乎转向为实证主义了，以致今
天有些人把梅因列为一位社会学家。较老的实证主义在政治组织
社会的演化背后，也就是在政治组织社会借以发生作用的法律的背
后，发现了社会发展的法则。可是一种比较新的实证主义注意社会
的法律安排，是为了去了解这种安排本身，它的目的不是为了去了
解这一切能够成为什么，也不是当作能给予我们一种关于应当是什
么的尺度，而是把它当作表明人们曾经使用过什么尺度，这些尺度
要求什么以及法律曾如何得以使用它们；这种比较新的实证主义注
意社会的法律安排，也是为了去了解：人们认为法律的目的是什么，
32 在人们所假定的以及他们据以行为的假设背后，是否有某种观念，
的确有助于他们正试图要做的事情，即维护、促进和传送文明。

我可以想象得到，有些人会对我说，就怀疑论现实主义的各种理论在实际行动里所导致的后果来对它们进行批评，是不科学的。当然，用这种方法来批评关于物质自然界的各种理论是没有用的。

* 梅因（Henry Maine，又译梅恩，1822—1888年），英国古代法制史学家。——译者注

** 萨维尼（Friedrich Karl von Savigny，1779—1861年），德国法学家，十九世纪德国历史法学派的主要代表。——译者注

但是我们现在并不是对待物质自然界，对于它，好坏的意见和关于它的各种现象的批评，都是无关紧要的。我们所对待的是在人类意志领域之中并在这种意志控制之下的各种现象，在这里“实际上是怎样”并不能告诉我们全部真相。这里最终的问题始终是“应当是怎样”的问题。除非政府是为了自己而存在，或法官和行政官员是为了行使权力而进行审判和管理，否则我们就不能回避这样的问题：法律上关系的调整和行为的安排，到底有什么目的或意义？我们不能把强力设想为手段以外的什么东西。

耶林*说，背后没有强力的法治，是一个语词矛盾——“不发
光的灯，不燃烧的火”。法律包含强力。调整和安排必须最终地依 33
靠强力，纵使它们之所以有可能，除了对一种反社会的残余必须加
以强制，主要是由于所有的人都有服从的习惯。其实，服从的习惯
在不小的程度上是依靠聪明人意识到如果他们坚持反社会的残
余，那么强力就会适用于他们。自然法理论反对把法律当作强力，
意思就是反对不根据任何原则，而只根据对于便宜行事、公共福利
或个别官员的个人便利的各种主观意见所施用的强力，在这一点
上，它并没有错。纵使在司法和行政的过程中不可能将个人主观
成分完全排除出去，法律历史表明，我们可以在这方面迈出很大的
步子。文明有赖于摈弃专横的、固执的自作主张，而代之以理性。
即使在这方面我们尚未达到我们曾相信在上一世纪业已达到的程
度，但是人们只要将上一世纪的法律和根据法律的司法同殖民地 34
时代的美洲的情况对比一下，就可以了解，我们现在认为是十九世

* 耶林（Rudolf von Jhering，1818－1892 年），德国法学家。——译者注

纪的那种自鸣得意的自我恭维，有多少在当时毕竟是正当的。

人们告诉我们说，对各种法律理论的酸性化验就是坏人的态度——他对于正义、公正或权利毫不在意，只希望知道他做或不做某些事情，将对他发生什么后果。可是正常人的态度就不是这样，他反对服从别人的专横意志，但愿意过一种以理性为准绳的生活，他参加选择那些行使政治组织社会之权力的人，如同中世纪法学家所说的，预期着他们在上帝和法律之下行使权力并以此作为目的去行使权力。难道坏人的态度要比这种正常人的态度更可以成为一种试验吗？

第二章 什么是法律？

培根[*]在他的《论真理》的文章里写道：“当善诙谐的彼拉 35
多[**]说‘什么是真理’时，他不会等待一个回答。”对培根来说，当他用十六世纪的眼光来读第四福音书时，他假定彼拉多在说笑话，是很自然的，就像对彼拉多来说，当他用一世纪的眼光来看关于基督下降到人间是来证明真理的说法时，他也会很自然地说他所说的话是十分真挚的。培根知道过去有那样一些哲学家，就像他所讲的，这些人“认为确定一个信仰是一个束缚”。但是他说，这派哲学家已经成为过去了。可是，他们在一世纪却曾经风行一时过，而且彼拉多那个时代的任何一个有教养的罗马人，对断言真理的人大概都会给以同样的评论。

在希腊古典哲学和罗马共和国末期、帝国初期所流行的哲学之间，在思想领域里发生了根本的变革，就如在纪元初和培根写作
时之间所发生的，以及在培根的时代和今天（自称为）先进的思想 36
家们之间所发生的变革一样。

彼拉多是在怀疑论和失去幻想的时代那样说的。伯罗奔尼撒

* 培根（Francis Bacon，1561－1626 年），英国著名哲学家。——译者注

** 彼拉多（Poutius Pilatus），罗马帝国驻犹太的总督（约 26－约 36 年）。据《新约全书》记载，耶稣由他判决钉死在十字架上。——译者注

战争使希腊各城邦疲惫不堪。希腊全部均落入腓力*之手并被并入亚历山大**的帝国。这个帝国后来又趋于分裂,由亚历山大的将领和后继人们互相进行争夺。希腊化的世界不是适合于各种唯心主义哲学的世界。对共和国末期和帝国初期的罗马,同样也可以这样说。这个时代是政治上四分五裂和内战的时代。三个世代的连绵内战使当时的社会组织消耗殆尽,就像伯罗奔尼撒战争曾使古典时代的希腊世界消耗殆尽一样。失去幻想、动荡不安的环境和专制的政府,都使人们转向怀疑论和伊壁鸠鲁主义,它们似乎是在告诉人们如何在乱世里生活。这些都成了各种流行的思想类
37 型,它们和今天所流行的各种哲学一样,是各种“消极放弃”的哲学。信奉伊壁鸠鲁***学说的人认为唯一确定的知识就是我们通过感觉得到的知识。至善就是个人的快乐生活。正义是某种变化莫测的东西,它不过是一个获得快乐的权宜手段而已。怀疑论者认为我们不可能具有任何关于事物性质的知识,因而对一切事物的正确态度就是泰然自若的态度。无论感觉或理性都不能给予我们确定的知识。我们必须停止对事物进行判断,而只是充分利用它们。只有不进行任何判断的怀疑论者,才能用一种不为情感或愿望所动的绝对冷静态度来看待各种事物。对于善或恶作出肯定判断的可能性是不存在的。如果你看见一些强盗在拦路抢劫一个人或一群恶徒在图谋对一个无辜者施加私刑,伊壁鸠鲁就会说,还

* 腓力(Philip),指马其顿国王腓力二世(前382—前336年)。——译者注

** 亚历山大(Alexander),指马其顿国王亚历山大大帝(前356—前323年)。——译者注

*** 伊壁鸠鲁(Epicurus,前341—前270年),古希腊唯物主义哲学家。——译者注

是避开些吧,除非权衡苦乐,你能断定进行干涉最后会促进你的快乐生活。怀疑论者则说,不要去加以判断,也不要挨近。强盗或使用私刑的暴徒,像你一样,可以是对的,也可以是错的。彼拉多就 38
是以这种精神说话的。

培根是在文艺复兴之后过度信仰理性的时代写作的。发现新大陆、开拓殖民地和巨大的集权政治组织兴起的时代,近代科学的开创和贸易、商业扩展的时代,这不会是失去幻想的时代。人们有信心地断言,他们可以通过理性认识一切事物并解决一切问题。信奉伊壁鸠鲁学说和怀疑论的人是一些放肆过分的派别,他们已经永远消逝了。彼拉多的问题成了一种不合适的诙谐。

现在,在理性和通过理性可能取得知识的信念支配过从培根当时一直到上世纪末以后,我们发现自己又处在另一个失去幻想的时代了。今天的社会哲学采取了消极放弃的态度。相对论教导说:我们所能认识的一切只是我们个人知觉和经验所构成的个人精神创造。我们的关于“应当是什么”的各种观念,只有在我们各人的思想体系中才是有效的,它们对于任何其他人都不能加以证实。在法律和道德之间以及在政治上组织起来的社会所实行的社 39
会控制和正义之间,都存在着一种不可调和的矛盾。“应当是什么”是一种虔敬的愿望,一种迷信和一幅与现实无关的非科学的、主观的图画。善和恶的判断、颂扬和指责都是不科学的。我们要求以一个最终的政治权力为前提,而一切都渊源于它。各种宪法限制都是语词的矛盾。一种纯粹科学不去纠缠各种关于平衡的主观理想和各种有保证的自由和权利。权利不过是从国家官员行使

政治组织社会的强力得出的推论。法律不过是那些官员们所做的事情而已。伊壁鸠鲁、皮浪[*]和卡涅狄斯[**]以新的名字但以同样的社会、政治和伦理哲学复返了。

从纪元前六世纪希腊人开始考虑这些事情以来，什么是法律这个问题一直是一个争论的题目。许多东西曾发生作用使这个问题成为一个困难的问题。但是困难的重要根源是：三个完全不同
40 的东西都曾用着法律的名称，而人们都曾试图以其中一个为根据来解释所有这三者。

明确地说，这三种意义就是：(一)法学家们现在所称的法律秩序——即通过有系统地、有秩序地使用政治组织社会的强力来调整关系和安排行为的制度。(二)一批据以作出司法或行政决定的权威性资料、根据或指示，这也就是当我们讲到印第安纳州的法律、比较法、财产法或契约法时所理解的东西。(三)卡多佐[***]法官中肯地所称的司法过程，而今天我们还必须加上行政过程——即为了维护法律秩序依照权威性的指示以决定各种案件和争端的过程。这就是许多自称为现实主义者的人今天给予法律这个名词的意义。正如我们的一个著名法学家所说的，法律就是公务上所做的一切事情。

因而，这就有了三种观念，而它们都用同一个名称，这在讨论
41 这一问题时就造成了很多混乱。如果这三种意义可以统一起来的

[*] 皮浪(Pyrrho，约前365—约前275年)，古希腊哲学家，怀疑论者。——译者注

[**] 卡涅狄斯(Carneades，约前214—约前129年)，古希腊哲学家，怀疑论者。——译者注

[***] 卡多佐(Benjamin Nathan Cardozo，1870—1938年)，美国法官，社会学法学代表之一。——译者注

话,那就是用社会控制的观念来加以统一。我们可以设想一种制度,它是依照一批在司法和行政过程中使用的权威性法令来实施的高度专门形式的社会控制。

争论的大部分是针对第二种意义上的法律的性质,这里的法律是指一批决定争端的权威性资料。但是这也并不是一个简单的概念。这种意义上的法律包括各种法令、技术和理想:即按照权威性的传统理想由一种权威性的技术加以发展和适用的一批权威性法令。当我们想到第二种意义的法律时,我们大概会单纯地理解为一批法令。但是发展和适用法令的技术、法律工作者的业务艺术,都是同样具有权威性的,也是同样重要的。其实,正是这个技术成分,足以用来区别近代世界中的两大法系。

例如,在作为英语世界法系的普通法中,一项制定法为它规定
范围内的各种案件提供一个规则,但并不为类推论证提供一个基 42
础。在这方面,我们指望法院判决记录中的司法经验。在基于罗马法的另外半个世界的法系的大陆法中,这方面的技术就完全不同。大陆法学者从立法机关的法令来进行类推论证,并且认为司法判决对一定论点的确定方向,只是确立那个明了的论点,而不是规定一个原则——一个用来进行法律论证的权威性出发点。

此外,还有理想的成分,一些公认的权威性理想。这一成分最终归结为一定时间和地点的社会秩序的图画,归结到有关那个社会秩序是什么以及社会控制的目的是什么的法律传统,这是解释和适用法令的背景,在各种新的案件中是有决定性意义的,因为在那里,必须从各种同等权威性的出发点中加以选择来进行法律论证。

以侵权行为法中的一个问题为例,英国法院和美国许多最强 43

的法院在这一问题上是有分歧的，而美国法院也同样各执一词。这是关于不论有无过错而产生的责任问题，如某人在他的土地上持有的某种东西，这种东西有可能因未加管束而造成损失之虞，这种情况虽然不是一个扰乱，但它却逸出并对邻人的土地造成损害。这里，我们就必须在要求绝对责任的普遍安全和只要求在有过错时才负责任的个人生活这二者之间，进行选择。人们曾似乎有理由地提出过，英国的关于土地是永久的家庭占有物的概念，和美国的关于土地是做某些事情和创办某些企业的一种财产或地方的概念之间的区别，换句话说，也就是不同的社会理想或图画之间的区别，决定了各种不同论证的出发点。

同样，在解释法律的时候，理想的成分是有决定意义的。马萨诸塞州和密苏里州在解释制定法中关于取消只由长子继承的直系继承人遗产的完全相同的语句时，就有不同。语句既不是决定性的，问题就要落在各种可能解释的一个真正优点上。但是这个优
44 点是怎样决定的呢？显然这就要由关于在一定时间和地点应当有一个什么样的美国社会秩序的理想来决定了。在新英格兰各州，一个家庭的延续和那幅图画就有关系，而这一点在西南部各州却没有关系。

可是，人们所最熟悉的理想成分的作用是在适用什么标准时看到的。许多标准都包括一种合理性的观念。法律规定在各种情况下什么是合理的。可是并没有任何一个权威性法令告诉我们这是合理的而那是不合理的。人们稍为研究一下上一世代关于正当法律程序的判决就可以了解到，适用合理性标准在当时是为一幅初期的、乡村的、农业社会公认的图画所支配的，而今天都市的、工

业社会的图画却产生着不同的结果。

当我们区别了法律的三种意义和第二种意义上的法律的三种
成分时,我们还是没有弄明白这一问题的各种错综复杂的情形。45
因为法令成分(这是通常被当作我们必须加以考虑的全部东西)是由各种规则、原则、说明概念的法令和规定标准的法令组成的。

一项规则是对一个确定的具体事实状态赋予一种确定的具体后果的法令。这是法令的最初形式,原始时期法律从不曾超过这一限度。各种原始时期法典就是由这样一些法令构成的。例如:

汉穆拉比法典规定:“如果一个自由人殴打另一个自由人,应纳十个银币。”

萨利克法律规定:“如果任何人叫别人为‘狡猾的人’,应罚三个先令。”

罗马十二铜表法规定:“如果父亲三次出卖他的儿子,儿子可以脱离他的父亲。”

各种刑法典大都是由这一类法令构成的。

一个原则是一种用来进行法律论证的权威性出发点。各种原则是法律工作者将司法经验组织起来的产品,他们将各种案件加以区别,并在区分的后面定上一条原则,以及将某一领域内长期发展起来的判决经验进行比较,为了便于论证,或者把某些案件归之
于一个总的出发点,而把其他一些案件归之于某个其他出发点,或 46
者找出一个适用于整个领域的更能包括一切的出发点。

试考虑这样一些原则:如果某人做了一件在表面上伤害另一个人的事,那么除非他能证明这样做是正当的,否则他就必须对所造成的损害负责,或如果某人过失地造成对别人的损失,那么他就

要对损害负责，或一个人不应不正当地损人利己。在所有这些原则中，没有任何预先假定的确定的具体事实状态，也没有赋予确定的具体法律后果。可是我们却不断地依赖这些原则作为论证的出发点。

或者我们考虑一下：怎样从关于运输工具的任务这一基本原则出发，把为马车所定出的法令，统一地推广适用于公共马车、铁路、电车、卡车和飞机，而不需要对相继出现的运输工具规定各种新的规则。也考虑一下，怎样统一地把这些法令推广适用于电报、电话、无线电、煤气、电灯和动力。然后，我们来看法律工作者如何
47 定出一个在一类公用事业中关于任务的更广泛的原则，这种方法使我们的法律由于提供了一个作为论证的出发点，而能应付这些一个接着一个地出现的急剧发展的公用事业部门。

一个概念是一种可以容纳各种情况的权威性范畴，因而，当人们把这些情况放进适当的框子里时，一系列的规则、原则和标准就都可以适用了。买卖、信托、保释就是例证。在这些情况下，并不存在一种附加于确定的具体事实状态的确实的具体法律后果，也没有一个用来进行论证的出发点。有的只是可以将各种情况归入其中的一些确定范畴，而这样的结果就使各种规则和标准成为可适用了——，即令各种定义必须不时修改并且和各种规则比较起来更富有伸缩性，这些范畴也是确定的。

有了各种原则和概念，我们就有可能在只有较少规则的场合下进行工作，并有把握来应付那些没有现成规则可循的各种新情况。

48 一个标准是法律所规定的一种行为尺度，离开这一尺度，人们

就要对所造成的损害承担责任，或者使他的行为在法律上无效。例如：适当注意不使其他人遭到不合理损害危险的标准；为公用事业设定的提供合理服务、合理便利和合理取费的标准；受托人的善良行为的标准。我们要注意各种标准中公平或合理的成分。这是一个困难的根源。如前所述，对什么是合理的加以规定的法令是没有的，企图制定这样一个法令也是不合理的。结果，合理性就必然要看它是否符合于权威性的理想。

行为需要有各种标准。这只要向你们提醒一下将行为归结为规则的一次努力(古老的“停下来，看一看和听一听”的规则)，就完全够了。试比较如何在以下两种场合适用这个规则：一种场合是一辆马车通过一条单轨铁道，火车在那里行驶的速度达每小时三十英里；另一种场合是一辆重型卡车通过一条有四条铁路线的铁道，流线型火车在那里行驶的速度大约达每小时一百英里。当这辆卡车的驾驶人在这里停下来，走下车，对铁道前后估量了一番，
然后回到他的卡车上重新开车时，流线型火车可能已经驶过来四 49
英里之远了。在这种情况下一项规则就不可能起法律的作用了，我们就被迫要使用一个标准。

还有其他两个从不同角度出发的法律理论值得注意。今天许多人都说法律乃是权力，而我们却总是认为法律是对权力的一种限制。社会控制是需要有权力的——它需要用其他人的压力来影响人们行为的那种权力。作为社会控制的一种高度专门形式的法律秩序，是建筑在政治组织社会的权力或强力之上的。但是法律绝不是权力，它只是把权力的行使加以组织和系统化起来，并使权力有效地维护和促进文明的一种东西。权力理论在实际行动里究

竟意味着什么，可以以近来国际法和权力的同一化作为例证，这种同一化一直在导致国际法失去作用。

当前的另一种理论把法律设想为一种权威性的价值准则。持这种说法的那些人认为：要对任何道德的原则、任何事物的标准或对互相冲突的或重叠的人类需求进行评价的尺度加以证明，是不可能的。因而那些掌握政治组织社会强力的人们，为了
50 表达一个在社会上或经济上占统治地位的阶级的自我利益，便任意地规定或建立各种价值准则，并强使其他人服从它们。当然，我想各种在社会上和经济上占统治地位的阶级都曾有过变化，而从一、二世纪的罗马以来，这些阶级的自我利益也曾多次地发生过变化。但是必须考虑一下：有多少为当时法学家们所制定的法令，曾支配了从那个时候以来的各种重要关系和规定了各种重要的行为。

我们必须永远记住：在我们的法律中记录着为理性所发展的经验和被经验所考验过的理性这样一种教导传统。文明史中的一个重要现象就是这些教导传统的生命力。民法就是从五世纪到现在许多学院的教导传统，它和各学派法学家们的一种更古老的教导传统有着联系。普通法是在法院传统的基础上成长起来的一种
51 在伦敦各律师学院中的教导传统。它是从十七世纪以来由律师传给见习律师的一种教导传统，它现在正在成为各个大学法学院的教导传统。现代世界的两大法系都是教导传统，它们已被证明足以同各种破坏政治制度的力量相抗拒。在我国的法律中，存在着一种通过法律工作者的技术使之适应于各种不断变化着的时间和地点条件的传统，这就使它成为人类最有持久性的制度之一。最

后一个恺撒在二十多年前早已死亡,* 可是与第一个恺撒同时代的那些法学家们的著作,至今仍然指导着半个世界的司法。

法律秩序的权威的渊源是什么?当我们提出这个久经争论的问题时,我们的意思可以指直接的实际渊源,也可以指最终的实际渊源,或者也可以指最终的道德渊源。因而对于这样一个看来似乎简单、但至少包含三个问题(其中每一个都要有不同的回答)的问题,我们不能只给予一个回答。直接的实际渊源可以在一个政治组织社会的立法机关和执行法律的机关中去找,而在这些机关
的后面,正如前述,有着那个社会的强力。法学家们就是这样说 52
的。最终的实际渊源是一个属于政治科学的问题。我们的古典政治理论教导我们,它就是同意,也就是自由人民同意由一部宪法和根据宪法由立法者制定并由人民自由选择的官员予以执行的各项法律来进行统治。奥斯汀** 和梅因认为,总的说来,它是人民的服从习惯,大概就是作为一半文明的那种对内在本性之控制的一个方面,因而除了对日常生活里出现的相当少数的争端和对相当少数人的行为外,就没有必要适用强力。近来还有一些人对我们说,它是占统治地位的社会和经济阶级的自我利益。他们认为,那个阶级将其意志强加于那些不可能抗拒、太软弱或在经济上依附性太大因而不能抗拒的人们,从而产生了服从的习惯。当我们进入第三个问题时,我们就置身于政治伦理学和政治、法律哲学的领

* 原文作“fell two decades or more ago”其意义殊不可解,故改译“早已死亡”。——译者注

** 奥斯汀(John Austin,1790—1859 年),英国法学家,分析法学创始人。——译者注

53 域了。可是有一些人却对我们说，这个问题是多余的。它根本不是一个“应当是什么”的问题。在未来的理想社会里，因为将不会有力图将其意志强加于其他人的阶级，将不会再有法律。随着财产的消失，各个阶级将消失，而法律也将随同它们消失。因此，一切关于“应当是什么”的问题就被排除了。法律之所以具有拘束力，是由于或者是当有一种强加于一切其他力量之上的强力作为它的支持。古典的法学理论是，法律可以直接地从正义中，从人们的理想关系中推论出来，而它的拘束力是基于它所代表的正义具有的拘束力。当前占优势的法律哲学认为，我们回答不了这个问题。要想在强力说、同意说和正义说之间作出肯定的选择，是不可能的。它们所表达的都是处于无法缩小的对立和无法消除的矛盾状态之中的法律所具有的各种成分。

可是，不论法律秩序的任何正当权威的基础是什么，它却仍在继续发生作用，而且我还认为，因为它正在履行着（而且很好地履行着）排解和调和各种互相冲突和重叠的人类需求的任务，从而维
54 护了社会秩序，使我们得以在这个秩序中维护与促进文明，所以它自始至终掌握了一种实际的权威。只要法律秩序做好这个任务，就会产生服从的习惯，而正是这种习惯使对那些需要强力的人采取强力成为实际可能。

当我们讲到这里，我们有必要停下来问一问，任何一种意义的法律到底能实现这个目的到什么程度。我们必须问：通过政治组织社会的社会控制，利用一种权威性技术将一些带有权威性的根据或指示应用到决定上，使司法和行政程序能在一种有秩序和有系统的方式下进行运转，这种社会控制，其本身究竟在多大程度上

能站得住脚,并能担当起维护和促进文明的任务。这就使我们考虑到有效法律行动的局限性,即那些阻止我们经由法律手段去从事伦理观点或社会理想推动我们去进行的一切事情的各种实际限制。

首先,有些限制产生于对适用法令的事实,在其确定中所包含
的各种困难。这是司法上由来已久和最难解决的问题之一。法令 55
承认提供的事实并根据事实来宣布指定的法律后果。但是事实并不是现成地提供给我们的。确定事实是一个充满着可能出现许许多多错误的困难过程。错误认定曾导致过许多错判。为了预防舞弊和诈骗而规定各种办事规则和形式的必要性,由于一般安全的迫切需要牺牲了何止一个可贵的案件。边沁* 说过,在每一个法庭里都应当悬挂亚拿尼亚和撒菲拉** 的肖像。但是我们为防止伪证所采取的一切手段,都不能使我们根据证人的证言就有把握地行事,可是给我们提供事实的,却主要依靠这些证言。

第二,有些限制产生于许多义务难以捉摸,它们在道德上很重
要,但不能在法律上予以执行。有一个故事,一个英国教师说:"孩
子们,必须心里纯洁,否则我就要揍你们",这个故事为我们说明了 56
问题。当罗马法企图把感恩当作一个法律义务,以及我们自己的法律企图对公司的发起人和董事要求符合一个无私德行的崇高标准时,它们取得的成功都没有比上述教师稍胜一筹。

---

* 边沁(Jeremy Bentham,1748—1832 年),英国伦理学家、法学家,功利主义学说创立者。——译者注

** 据《圣经》载,亚拿亚尼(Ananias)及其妻撒菲拉(Sapphira)均因诳言受天殛。——译者注

第三，有些限制产生于许多严重侵犯重大利益的行为，其所使用的方式微妙离奇，而法律对这些利益，如果可能的话，是会乐意给以有效的保障的。比如，在家庭关系里，由于搬弄是非或阴谋暗算而产生的对个人利益的严重侵犯，往往因难于捉摸以至于法律手段也对此无能为力。我国的法律曾经用了很大努力来对付这一困难。但是我们在处理挑拨感情关系案件上的行动（这种行动早已引起萨克雷[*]的嘲笑）并没有鼓舞起什么信心，而美国的那个禁止被告调戏原告妻子的主要判例也没有证明是一个比较好的办法。关于所谓私人秘密权利的问题也是如此。在追溯损害的原因和确定因果关系时所包含的各种困难，不能不使不善交际的人和神经过敏的人的利益遭到某些牺牲。

57 第四，有一些限制产生于对人类行为的许多方面、许多重要的关系以及某些严重的不良行为不能适用规则和补救等法律手段。夫妇同居的义务以及每一方对另一方在交往和爱情上的要求，可以说是一个例证。以前，就丈夫而论，我们的法律制度以下列三种方式来保障这种利益，即：行使对妻子的行为加以限制和管教的婚权、提起恢复夫妇关系权利的诉讼和申请对窝藏其妻子的人颁发出庭状。但是限制和管教的特权是与妻子人格的个人利益不相容的，因而也就不能再被承认了。恢复夫妇关系权利的诉讼，起源于一种以逐出教会为制裁的矫正品行的宗教制度，它在实际上早已失效，而目前已被废弃。出庭状现在只在违反妻子的意志迫使她

* 萨克雷（William Makepeace Thackeray，1811—1863 年），英国作家，以讽刺笔法著称，代表作有《名利场》等。——译者注

离开丈夫的情况下,才被使用。目前,上述利益除了道德和社会舆
论以外,已没有什么东西可以作为制裁了。通过几个世纪来法律 58
经验的考验,丈夫一方对侵犯这种利益的第三者所提起的诉讼实
际上很少有所收获,以致法院为了要使法律在逻辑上完整起见,已
经本能地以慎重的态度把同样的权利类推给予妻子一方了,而正
当我们开始把这种权利给予妻子一方时,我们许多州又认为有必
要取消夫妻双方的这种权利。

法律用惩罚、预防、特定救济和代替救济来保障各种利益,除
此之外,人类的智慧还没有在司法行动上发现其他更多的可能性。
但是惩罚必然会局限在很有限的范围,它在今天只能适用于为实
现那些确保一般社会利益而设定的绝对义务。预防性救助的范围
必然是狭窄的。在损害名誉、损害情绪和感情——也就是损害“某
人思想和情感方面的平静和舒适”——的案件里,在能够援用任何
预防性救助之前,即使不牵涉其他种种困难,加害行为往往已经完
成。特定救济只有在涉及各种所有权和某些牵涉纯经济利益行为
的情况下,才有可能。一个法院能使一个原告重新取得一方土地, 59
但是它不能使他重新获得名誉。法院可以使一个被告归还一件稀
有的动产,但是它不能迫使他恢复一个妻子的已经疏远的爱情。
法院能强制一个被告履行一项转让土地的契约,但是它不能强制
他去恢复一个私人秘密被严重侵犯的人的精神安宁。因此,在绝
大多数场合下,金钱赔偿办法乃是唯一的方法,而这也已成了法律
在任何时候的主要救济手段。但是这种救济除了涉及物质利益的
场合以外,是显然不够用的。一项动产的价值,一项商业契约的价
值,使用和占有土地的价值——凡此种种是可以用金钱来衡量的。

另一方面，企图对断肢的实际金钱赔偿定出一个确定的尺度，至少是有困难的；而要对一个受害人的情绪、荣誉和尊严进行估价，就简直是不可能的了。我们为了诽谤法的目的，把个人的荣誉、尊
60 严、品行和名誉当作财产来看待，试图以此来掩盖上述的困难，吉卜林告诉了我们东方人对于所造成的结果是怎样看法的。“一个人有什么悲哀吗？欧洲的先生们说，给他钱吧。他受到耻辱了吗？欧洲的先生们说，给他钱吧。他头上有什么毛病吗？欧洲的先生们还是说，给他钱吧”。显然，东方人的话是讲得非常好的。但是除此之外法律还可能做什么，却并不是那么明显。因此，如果法律对财产和契约的保障比对人格的保障更为细致和更为适当的话，那并不是因为法律对后者的估价不如对前者那样高，而只是因为法律手段本来就适于保障这一方面而不适于保障另一方面。

最后，第五类限制产生于为了推动和实施法律，必须求助于个人的必要性。一切法律制度都是在这一必要性下发生作用的。但是这种必要性在一个英美民主制度中却为司法加上了一个特殊的负担。因为我们整个的传统政治制度是依靠个人主动精神来保障法律救济和实施法律规则。的确，在这个问题上，普通法中的极端
61 个人主义已趋消灭。我们已不再完全依靠个别告发人来使犯罪人受到制裁。我们已不再依靠私人提起的损害赔偿诉讼，来使公用事业公司尽其应尽的义务或使我们不受掺假食品之害。但是，即使行政执行的一般制度不遭受严重反对，用行政手段执行法律的可能性也是有限的。因为法律不会自己实施。一定要有人来执行法律，一定要有某种动力来推动个人使他超越规则的抽象内容及其与理想正义或社会利益理想的一致性之上，去做这件事情。清

教徒单纯地把法律看作对个人良心的指导。个人的意志是不能被强迫的。每个人的良心是紧要行动关头时对是非的最后仲裁者。可是由于所有的人的良心并不都是开明的,所以法律才适于促使人们去考虑,告诉他们其他人对这一点和那一点是怎样考虑的,并对那些在自己的良心上犹豫不定的人提供指导。这样一种概念,在一个人口稀少的草创社会里是完全适合的,但是在今天人口稠密的、具有复杂组织和各种互相抵触的利益之争的工业社会里,却是完全不可能的。可是很多人还是以清教徒的方式来看待法律。62
一个社会改革家最近告诉我们说:法律的真正职能就在于对错误行为的社会抗议进行登记。自然,社会对错误行为的抗议不是什么坏事情。但是人们可能会感到,适合这种目的的代言人是一个先知者而不是一个立法者。

那些相信万能国家的人,一定不会假设柏拉图的哲人君主,他们必须假设有一个在超超人之下的超人治理者,或一个超人占多数并以权力委诸超人行使而组织起来的社会。在我们生活的地上世界里,如果法律在今天是社会控制的主要手段,那么它就需要宗教、道德和教育的支持;而如果它不能再得到有组织的宗教和家庭的支持的话,那么它就更加需要这些方面的支持了。

第三章　法律的任务

63 为了了解法律秩序的任务，不妨想一下当首次放映一部新的、大做广告的和由大众欢迎的某个明星主演的影片时，戏院售票处前排队买票的情况。想要进入戏院的人多半比戏院能容纳的人为多。如果那些想进去的人并不排队或并不让他们这样排队，那么就不可能有很多人进得去，甚至一个人都不能进去。至少，这个进入戏院的过程将会是一个费时的和麻烦的过程，而且很多人大概会因此而受伤。有许多人将会放弃进去的念头。别的许多人将会因争抢而踌躇不前，不愿参加争抢而转身到别的地方去。很可能当这场争夺过去后，不仅在许多试图买票的人中只有少数人能侥幸进去，而且他们的衣服已被撕破，身上有了伤痕并被殴击，他们将在万分狼狈的状态中去享受这次演出。或者，再不妨比较一下从一座起火的大楼里往外冲的情况。如果在这种情况下，秩序不
64 能维持的话，那就只有少数人才能逃出来，而许多人会被踩倒。但是如果对买票或对起火大楼里的秩序加以维持的话，那么就可以在最少的阻碍和浪费之下使很多人可以买到票或得救。

这种秩序的维持可能由于大家都已习惯于承认排队或按照先后是当然的事情，或者也可能由于受到一个警察或起火学校的一个教师的迫使。在任何一种情况下，社会控制使其有可能为最大

多数人做最多的事情。俗话说得好，我们大家都需要地球，我们大
家都有我们谋求满足的许多愿望和要求。我们有那么许多人，可
是地球却只有一个。每一个人的愿望不断地和他邻人们的愿望互
相冲突或重叠。所以，人们不妨说，这就有了一项巨大的社会工程
任务。这就有了一项使生活物资和满足生活在一个政治组织社会
中的人们的各种要求和愿望的手段，在不能满足人们对它们的一
切要求的情况下，至少尽可能地做得好些。这就是当我们说法律
的目的是正义时的意思。我们认为正义并不意味着个人的德行，
它也并不意味着人们之间的理想关系。我们认为它意味着一种制
度。我们认为它意味着那样一种关系的调整和行为的安排，它能 65
使生活物资和满足人类对享有某些东西和做某些事情的各种要求
的手段，能在最少阻碍和浪费的条件下尽可能多地给以满足。

以这样的方式来看待这件事情时，我们必须以个人对享有某些东西或做某些事情的要求、愿望或需要作为出发点，也可能以不强迫他去做他所不想做的事情的要求、愿望或需要作出发点。在法律科学中，从耶林以来，我们把这些要求、愿望或需要称为利益。

一个法律制度通过下面一系列办法来达到，或无论如何力图达到法律秩序的目的：承认某些利益；由司法过程（今天还要加上行政过程）按照一种权威性技术所发展和适用的各种法令来确定在什么限度内承认与实现那些利益；以及努力保障在确定限度内被承认的利益。

为了说明现在的问题起见，我想将利益规定为人们个别地或 66
通过集团、联合或亲属关系，谋求满足的一种需求或愿望，因而在
安排各种人们关系和人们行为时必须将其估计进去。法律秩序或

作为决定争端之用的一整套权威性指示或根据这种意义上的法律,并不创造这些利益。在自然状态的古老观念和自然权利理论中,就有这些真理。即使没有法律秩序和一整套关于如何行为或如何作出决定的权威性指示,这种意义上的利益也还是存在的。哪里有许多人发生接触,那里就有人们对享有某些东西和做某些事情的各种要求。从来没有过一个社会,居然会有如此多的满足这些要求的剩余手段,或居然会有使每个人去做一切他所谋求的或要求去做的事情的剩余机会,以致在满足这些要求时不再有什么竞争。各种利益之间之所以产生冲突或竞争,就是由于个人相
67 互间的竞争、由于人们的集团、联合或社团相互间的竞争,以及由于个人和这些集团、联合或社团在竭力满足人类的各种要求、需要和愿望时所发生的竞争。

诚然,怀疑论现实主义者是不同意这一命题的。他们说人们所提出的各种要求乃是法律的一个结果而不是法律的起因。他们对我们说,我们并不因为由于我母亲给了我这个表,我提出占有的要求而保障我占有我的表并只由我来使用它的愿望,而我的要求是为政治组织社会所承认并通过一种法律认可的权利来实现的。他们认为,我这样要求,是因为法律教导我和其他人要作为所有权人而提出要求。法律既然教导我们对事物要如此提出要求,我们也就得出了一种将权利归因于我们自己的根据——一种先行存在的道德上的要求——然后我们就说这种要求是为国家所支持的;据说,如果不是法律指定我们去控制,我们本来是不会对事物提出要求的。让我们来看看吧。工人们坚决地提出对工作的既得权利的主张究竟是在最近立法承认和实施这种既得权利以前还是以后

呢？究竟是法律教导工人去主张进行静坐罢工呢？还是在法律没
有听说过这样一种事情以前，工人们就提出了这种主张而且必须 68
要由法律来告诉他们不准提出这样的主张呢？

所以，我们必须从法律并不创造这些利益这一命题出发。法律发现这些利益迫切要求获得保障。它就把它们加以分类并或多或少地加以承认。它确定在什么样限度内要竭力保障这样被选定的一些利益，同时也考虑到其他已被承认的得益和通过司法或行政过程来有效地保障它们的可能性。在承认了这些利益并确定其范围后，它又定出了保障它的方法。它还为了下列目的而规定各种价值准则：为了确定哪些利益应予承认，为了确定保障各种被承认的利益的范围，以及为了判断在任何特定场合下怎样权衡对有效法律行为的各种实际限制。

利益是各个人所提出来的，它们是这样一些要求、愿望或需要，即：如果要维护并促进文明，法律一定要为这些要求、愿望或需
要作出某种规定，但是它们并不由于这一原因全都是个人的利益。69
我们不要把法学家所使用的作为权利要求的利益和经济学家所使用的作为有利的利益二者加以混淆。讲到人们提出的主张或要求，那么利益也就分为三类：个人利益、公共利益和社会利益。有些是直接包含在个人生活中并以这种生活的名义而提出的各种要求、需要或愿望。这些利益可以称为个人利益。其他一些是包含在一个政治组织社会生活中并基于这一组织的地位而提出的各种要求、需要或愿望。还有一些其他的利益或某些其他方面的同类利益，它们是包含在文明社会的社会生活中并基于这种生活的地位而提出的各种要求、需要或愿望。

每一种要求并不一定永远只属于其中一个范畴。同一要求可能基于不同的地位而被提出,因而必须从不同角度来看待。同一要求可能从一个以上的生活方面的地位而提出。因此,当我控告某人未经我同意而取走我的表,以便恢复我对表的占有或取得表的货币价值,作为剥夺我对表的占有的赔偿时,我对表的要求是作
70 为个人的物质利益而提出的。但是我的要求也可以被认为是与保障占有物的社会利益相一致的,而且当我通过相应控告使区检察官对偷窃我的表的人就其所犯盗窃罪起诉时,我的要求就作为保障占有物的社会利益而提出。

对过去迫切要求得到承认和保障的各种利益的情况一般地介绍一下也就够了。个人利益可以分作:人格的利益、家庭关系方面的利益和物质利益。人格利益就是那些包含个人的身体和精神方面的利益。一种形式是保障一个人的肉体和健康方面的利益。又一种形式是关于自由行使个人意志的利益——即免受强制和欺骗,而强制和欺骗使一个人被迫或被骗去做在他在自由意志下或在了解事实真相时所不会做的事情。又一种形式是关于自由选择所在地的利益,即一个人选择他将到哪里去和将在哪里留下的主
71 张。又一种形式是关于一个人的名誉,保障其不在周围的人中间受到诽谤和对他的地位的其他侵犯。又一种形式是关于契约自由和同别人自由地发生关系,以及与此密切联系的使自己自由地从事或被雇于合适的或本人认为合适的任何职业的利益。还有一种形式是自由信仰和自由言论。但是其中每一种形式都会同其他被承认的利益发生竞争,因而就需要限制。例如,契约自由和选择职业自由的利益就同经由工会所提出的工人们的各种要求发生竞

争，而在一个多世纪以来，这些利益曾为法院和立法方面带来了特别困难的问题。

在家庭关系方面的个人利益也造成了许多困难问题。夫妇每一方都对整个社会主张或要求外人不应妨害他们的关系。可是这些弊端表明它们是与维护这些要求的诉讼同时出现的，所以许多州在估量到所有有关利益后，就不得不取消了这些诉讼。这些利益虽仍得到承认，但现在并未给以有效的保障。家庭关系也包含 72
夫妇双方对另一方提出的各种相互主张或要求。丈夫对妻子社交生活和操作家务的各种要求，以前是充分加以保障的，但是由于同妻子在自由自我做主方面的个人利益加以权衡比较，丈夫的那些要求就被剥夺了所有实质上的法律保障。另一方面，妻子要求丈夫对她扶养和维持生活方面的主张或要求，则不仅获得承认，而且用各种方式加以规定，从而使上述主张或要求成为法律中最受到保障的利益之一。关于牵涉父母与子女关系的各种利益，在以前，父母的各种要求是用“管教”（即体罚）的特权、对子女收入的控制和在各个阶段教育和养育子女的广泛权力来实现的。但是今天，子女的个人利益和关于未成年子女的社会利益，到处被估量为重于父母的利益；我国大城市里的少年法院、家庭关系法院和家庭法 73
院已大大改变了这些利益间在法律上的均衡。

个人基于经济生活的地位所提出的那些要求或需要称为物质利益。人们马上会想到关于控制作为财产法主体的有形物体的各种要求，以及关于履行作为契约法主体的约定利益的各种要求。但是最好还是让我们来注意一下同其他人发生的各种经济上有利的关系中的一些利益。这样的关系可以是社会的、家庭的、公务的

或契约的关系。一个人如果被非法地和恶意地从一个社交团体开除出去，他在名誉和社会地位上所受到的损害可能在经济上对他有严重的影响。但是我们也一定要考虑到其他的要求。我们不能忽视其他成员关于他们自己的团体可以自由地作出决定的各种主张。如果他们坚持不肯与那个被开除的人一起做那个团体的成员，我们就不能强迫他们这样做。在有一个案件里，法院判令恢复一个被非法地开除出去的人的会籍，结果那个团体在恢复
74 了他的会籍后，就自行解散，并重新组成一个不让那个人参加的新团体。

我已经指出过，丈夫对妻子社交生活、爱情和操作家务的各种要求，无论是在外界对家庭关系进行干涉或妻子拒绝遵守这种关系时，已不再能获得有效的保障。其他的利益已经得到承认并被给以更高的价值。至于在公务关系方面，则必须把各种公共利益考虑进去，赚钱商界中陈旧的财产概念，早已被舍弃了。但是就我们来说，最重要的问题产生在契约关系方面。如果某人与另一个人订立了一项契约，他就对整个社会提出了一种要求，即第三者不得插手进来诱使另一方破坏契约。可是在这方面第三者也可能提出必须加以考虑到的主张。不久以前，劳工法中的一些最困难的问题，就是围绕着对工人组织在诱使工人破坏雇佣契约方面的各
75 种主张给予承认而产生的，而这种承认应该被认为是给予一种妨害这些契约的特权。

说到公共利益，只举一个困难的估量问题作为例子就足以说明一切了。当社会的政治组织先后同血亲组织和宗教组织争夺在社会控制方面的支配地位时，国家的尊严当时是一个很严重的问

题。由于承认了这种利益，下列一连串事情就都确定下来了：未经国家同意，国家不能被控诉；国家所负债务不能用来抵消它所提出的要求；国家不因其官员的行为而受到妨害；以及国家的各种要求不因官员疏于提出它们而丧失，也不因任何限制而受到阻碍。对其中某些命题来说，也还有其他一些根据。政治组织的效率不得遭受阻碍的利益也被考虑进去。但是目前我们要问的是，社会政治组织的尊严应在多大程度上被当作值得考虑的利益。鉴于对国家尊严的观念业已改变，上述这些命题在今天应在多大范畴内予以维护，就成为公法上的一个争论问题。

可以用整个一次讲演来讲述一系列的社会利益。一般保障似 76
乎是过去最明显的一个。这包括：和平与秩序的要求（这是得到法律承认的第一个社会利益），一般安全（在公共安全就是最高的法律这个准则中早已得到承认）、一般的健康状态、占有物的保障以及买卖的保障。这里只要举出一个各种被承认的利益之间互相冲突或重叠的例子，就足够了。从占有物的保障这一观点来看，一个非法地取走并持有另一个人的财产的人，绝不能把多于本人所具有的权利转让给第三者。但是从买卖保障的观点来看，人们如果不了解或没有注意到原所有人的权利，而善意地在一个商业买卖中与占有财产的那个人进行了交易，他们一般地应当受到保护。有人主张，即使是非法的占有，也应当给予一种权力，就占有和表面上所有的东西进行商业买卖。这个关于所谓流通能力的范围问
题已在世界各地普遍发生，而最近立法已给予买卖的保障比给占 77
有物的保障以更大的地位。

与此密切有关和同样重要的，是关于保障家庭、宗教、政治和

经济各种社会制度的社会利益。关于离婚立法方面的麻烦问题，其关键在于给予夫妻双方个人的各种要求，或把婚姻作为一个社会制度看待的社会利益以相应的比重。关于惩治叛乱的立法和保证言论自由的司法保护这二者之间的麻烦问题，其关键在于给予从属于一般进步和个人生活这些社会利益之下的个人信仰和言论自由的利益，或给予保障社会制度的社会利益以相应的比重。最近的立法充满了有必要使各种经济制度的保障和个人生活相调和的例证。

某些其他重要社会利益，如在一般道德方面的利益，使用和保
存社会资源方面的利益，以及在社会、政治、经济和文化等方面一
般进步的利益，这些只能在这里略提一下。最后，但绝不是次要
78 的，还有个人生活中的社会利益——即以文明社会中社会生活的
名义提出的使每个人的自由都能获得保障的主张或要求，这种要
求使他获得了政治、社会和经济各方面的机会，并使他在社会中至
少能过一个合理的最低限度的人类生活。这里，我们也不断地遇
到各式各样的重叠和冲突，而且必须加以调整。我们完全可以这
样说，必须将这一范畴中的每个项目和许多别的项目摆在一起来
加以估量，而不能容许其中任何一个项目达到最充分的程度，不然
就会损及整个范畴。

当任何一个主张或要求已被拒绝承认或已得到承认并被划定了界限时，法律对这个主张或要求的任务还没有最后完成。有些尚未被采纳的主张，还在不断地要求得到承认。有些已经得到承认的主张，则正在不断地争取获得更高的评价。例如，有组织的工人所要求于法律秩序的，并不是由于在这些组织中的工人们和工

人组织并没有得到像其他诉讼当事人或参加诉讼的组织所得到的待遇，而是由于他们不满足于这些待遇。他们认为：他们的要求应 79
当享受比法律公式所赋予的更高的价值，法律只是一般地把他们放在与个人同样水平上，并把他们的争端和普通的非法侵害、违约以及妨害契约和商业关系同样对待。此外，还有些主张和主张之间的冲突，曾引起了长期存在的法律疑难。在一个著名的案件里，立法者和法学家，从西塞罗*时代以来，就一直在辩论和运用他们的才能，可是直到今天问题仍然没有比当年更接近于完全满意的解决。

因此很显然，当一份要求得到承认的主张或要求的细目提出来时，下一步就是承认它们，部分地承认它们或拒绝加以承认，并要对那些得到承认的主张或要求确定限度。可以设想，这些都可以任意地加以决定。但是对利益的任意调整，是不能长久维持的。当人们的主张和需求不仅被拒绝承认而且还是在非理智的基础上被否认时，他们会感到双重的不满。因而，对各种利益的承认或拒
绝承认以及划定那些得到承认的利益的界限，最终都是按照一个 80
确定的价值尺度来进行的——这是我将在本书最后一章中加以讨论的问题。随之而来的是如何保障已得到承认并被划定了界限的利益的问题，而这就把我们带到了关于各种权利的十分麻烦的问题上来。我们主要是通过把我们所称的法律权利赋予主张各种利益的人来保障这些利益的。

* 西塞罗(Marcus Tullius Cicero，前106—前43年)，古罗马政治家、哲学家和雄辩家。——译者注

什么是权利？据说有一个杀人案件的爱尔兰陪审官员向审讯
法官递送了一张条子，问他一个头盖上长有一块比蛋壳还薄的瘢
点的人，如果他到猪市场去的话，是否就没有被杀死的权利。这
里，“权利”意味着合理的期望。除开哲学或形而上学的伦理理由
外，一个人可以有以经验、以文明社会的假设或以共同体的道德感
为基础的各种合理期望。其中某个或所有的合理期望可能为法律
所承认和支持，从而变得更加合理。这时，我们就说一个自然权利
81 或道德权利，同时也成了一个法律权利。可是这种期望也可能是
单纯地和仅仅来自法律，在这种情况下，我们就说只有一个法律权
利。一个法律权利，除了它是对各种合理期望或被相信为合理期
望的承认（这些合理期望表达了文明生活的各种假设）之外，很少
是有意识地和故意被授予的。

让我们来观察一下这些假设或假说。最普遍的和最基本的可
以说成是：在文明社会中，人们一定要能假定其他人不会故意地侵
犯他们。不管什么经验曾教导上述爱尔兰陪审官在猪市场上的那
种期待，在世界的这个部分，我们的经验教导我们：我们可以合理
地期望，到郡镇集市去而不会在我们头上遭到粗橡树棍的殴打。
马克·吐温*说过皮靴英雄的故事应当称为“断树枝”的故事，因
为每当故事的紧要关头，总是有人踏在一根断树枝上，然后印第安
人就向他扑过来了。在今天的文明社会里，一个人不需要总是在
82 高空下行走或者避免踏到断树枝上去。他无须像在十五世纪的意

* 马克·吐温（Mark Twain，1835－1910年），美国作家，其代表作有《汤姆·索亚历险记》等。——译者注

大利那样，在城市街道上绕大弯行走，以免在靠墙边行走时，会有一个暴徒伺机杀死他。我们的日常生活就以有不受故意袭击的自由为前提。

还有，这也是一个假设，一个文明社会的法律前提，即：凡是采取某种行动的人将在其行动中以应有的注意不使其他人有遭到不合理损害的危险。所以当我们穿过街道时，可以合理地期望不会有人不顾红绿灯的交通管理规则而开车撞到我们身上来。

再有，共同集体的道德感和经济秩序的迫切需要，要求人们信守他们的诺言。人们将实现由于他们的诺言或其他行动而合理地形成的合理期望，这一点也是一个法律前提。所以当你早上借给你邻人一角钱车费，你就可以合理地期望，在你下一次遇到他时，他就会还给你那一角钱。所有这些合理的期望都为法律所承认和支持。所以你就有了人身安全和收回一角钱的一种法律权利。但 83
是这只是用常识的方法来说明了事实。法律从已经形成文明生活中各种假说的经验当中取来某些观念，并给它们盖上法律权利的印记。除此以外，还有一些方面的问题，自从希腊的主张社会控制的哲学家们最先提出后，一直为人们所争论。

希腊哲学家们并不议论权利问题，这是事实。他们议论的是，什么是正当的或什么是正义的。但是罗马人却以法律，即政治组织社会的强力的系统适用，来支持凡是正当的或正义的事情，而这就引到权利的观念上来了。所以，希腊人在当时所考虑的是事情的症结，即在人们互相冲突和重叠的要求之间，什么是正当的或正义的。我们可以感到一个主张应当由法律加以承认和保障，于是称它为一个自然权利。它可能为共同集体的一般道德感所承认并

为道德舆论所支持，这时我们称它为一个道德权利。它可以为法
84 律所支持，而不论有无任何其他东西支持它，这时我们称它为一个法律权利。希腊人并没有明显的权利观念。他们讲到正义和用于特定场合的正当行为。他们所考虑的毋宁说是一种确定的或法律上被承认的道德义务。

在罗马法中，也没有明确的权利分类或权利概念。我们译为“一个权利”的拉丁字“jus”，并不比罗马法书本里用它来表达的十种意义中的四种更接近于我们所理解的这个词。这四种最接近的意义就是：（一）受到法律支持的习惯或道德权威，例如家长的权威；（二）权力，即一种受到法律支持的习惯或道德权力，例如所有人出卖其所有物的权力；（三）自由权，即一种受到法律承认的正当自由，例如一个人在他的土地上运用他建造房屋的天然才能，纵令这所房屋是一种粗陋不堪的小屋并触犯了他的邻人的审美感；（四）法律地位，即法律秩序中的地位，例如 Jus Latii，一个不是公民但具有有限公民身份的人的法律地位。

85 在中世纪后期，托马斯·阿奎那* 向我们提出了把权利理解为正当要求的明确概念。但直到十六世纪，jus 作为“一个权利”才明确地区别于 jus 作为正当的和 jus 作为法律。到十七世纪才发生了从自然法到自然权利的过渡，即：从各种规定正当行为的理想法令这样一个理想体系，过渡为对拥有某些东西和做某些事情的要求，这些要求是在一个理想状态（自然状态）中理想的人会提

* 托马斯·阿奎那（Thomas Acquinas，1226—1274 年），西欧中世纪神学家和经院主义哲学家。——译者注

出的，并且也会承认其他人的这些要求。由此产生的关于法律作为保障人类自然权利的一种手段的理论，在法律科学中保持了三个世纪的地位。但最后，人类的自然权利变成像君主的神授权利一样暴虐。

格劳秀斯* 把权利看作一种品质，认为权利是人作为一个理性动物所固有的一种品质。由于它是一种道德品质，就使得一个人拥有某些东西或做某些事情是正当的和正义的。这就是十八世纪的法律和政治学说，这就是《独立宣言》中所主张的各种不可转让的权利。霍布斯** 和斯宾诺莎*** 根据自由权来解释权利。权利就是一种免受干扰的条件。霍姆斯法官**** 在其关于普通法的 86
经典讲授中就是这样说的。他告诉我们说，一个权利是“对行使一定自然权力的一种允许”。我们要注意的是：霍布斯和斯宾诺莎是从反面说明权利是在法律上不干扰人类的自然自由，而霍姆斯法官却从正面说它是政治组织社会对行使各种自然能力的允许。所有这三个人都着眼于法律通过某一种方式来保障各种被承认的利益：通过一种“不要管”的制度，通过使某一整个行动领域不受法令的阻碍的方式，通过容许在某些环境中和在某些场合下人们的自然能力不受限制的一般情况。在十九世纪下半叶的欧洲大陆，往

*　格劳秀斯(Hugo Grotius，1583－1645 年)，荷兰法学家、古典自然法学主要代表之一，近代国际法奠基人。——译者注

**　霍布斯(Thomas Hobbes，1588－1679 年)，英国唯物主义哲学家，古典自然法学主要代表之一。——译者注

***　斯宾诺莎(Benedict Spinoza，1632－1677 年)，荷兰唯物主义哲学家，古典自然法学代表之一。——译者注

****　霍姆斯(Oliver W. Holmes，1841－1935 年)，美国法官，首先将实用主义哲学应用于法学。——译者注

往把罗马人对权利的观念，即受到法律支持的正当要求，用一种近代的形式表现出来。当时人们说，一般是正当的要求通过法律就成了一个特定人的权利。

耶林通过使人们注意权利背后的利益，而改变了整个的权利
87 理论。他说权利就是由受到法律保护的一种利益。所有的利益并不都是权利。只有为法律所承认和保障的利益才是权利。我对我的表提出了一个权利主张。我要求被准许持有、使用和控制它。法律，在理解为通过政治组织社会的强力而体现的社会控制制度的意义上，保护我这种主张或要求。耶林说，因而我就对表有了一种法律权利。也许已经看到，格劳秀斯和十九世纪的形而上学法学家们强调的是伦理因素，即把利益的道德评价作为保障利益的根据。另一方面，霍布斯、斯宾诺莎、霍姆斯和耶林则强调政治因素。不论利益有无一种道德价值，政治组织社会对它的保障就使它成为一种法律权利。

这些定义是根据法律秩序对各种利益的承认和保障的某一特点而作出的，在法学中，本已令人感到复杂，可是一个法律权利比这些定义所令人感到的还要复杂得多。还没有任何一个词有这么多的含义。人们可以说，它值得花费一个八小时工作日，并支付超时工资。作为一个名词，权利这个词曾被用于六种意义。第一，它
88 指利益，就像在关于自然权利的很多讨论里所使用的那样。在这里，权利可以解释为某一特定作者认为或感到基于伦理的理由应当加以承认或保障的东西，它也可以解释为被承认的、被划定界限的和被保障的利益。比如，《独立宣言》中所主张的权利和各项权利法案所保证的权利，就是人们设想应当为政府所承认并付诸实

施的各种主张或要求，而在当作国家最高法律来执行的宪法中，它们就成了耶林意义上的权利。不过在耶林的理论中，被保护的利益和用来保护这一利益的法律制度之间存在着混淆。

第二，权利这个词被用来指法律上得到承认和被划定界限的利益，加上用来保障它的法律工具，这可以称为广义的法律权利。第三，权利这个词被用来指一种通过政治组织社会的强力（保障各种被承认的利益的工具的一部分），来强制另一个人或所有其他人去从事某一行为或不从事某一行为的能力。例如，我有占有我的表并在别人从我那里取走它时恢复我对它占有的法律权利；我有
不让别人到我屋子里来的权利；我有要求某人履行他在法律规定 89
的方式下所承诺的事情的权利；我有维护我的人身不受侵犯的权利。这可以称为狭义的法律权利。第四，权利这个词被用来指一种设立、改变或剥夺各种狭义法律权利从而设立或改变各种义务的能力。最好称之为法律权力。例如，受当人出售典当人的财产的权力；代理人移转本人财产、订立契约约束本人或使他对一种侵权行为负责的权力；一个以未经登记的契据转移土地的人，因将土地转让给一个交付价款而没有注意谁先登记的买主，有否定产权的权力。在最后一个例子里，必须注意，行使这种权力是一个法律上的错误行为。法律之所以使它有效，是为了维护对买卖的保障。但是这样行使权力的人，要对那个丧失产权的人所遭受的损失负责。第五，权利这个词被用来指某些可以说是法律上不过问的情况，也就是某些对自然能力在法律上不加限制的情况。可以有一
种对整个活动领域不加过问的一般情况。在这里，我们就说到自 90
由权了。所谓从事合法职业的权利，就是这样一种自由权；这就是

说，法律不强使某人从事某一特定职业，而让他保有为自己选择某种职业的天赋自由。还有，一个所有权人具有使用和享受其财产果实的自由权。在他的利益被承认的限度内，他可以采取他所喜欢的方式来使用和享受。或者，不同于上述的一般情况，也可以有一种就某些特定场合下不过问的特殊情况，这就是在特定场合下免除对过错所负的责任。这些最好称之为特权。例如：所谓偏离的权利，即当公路不能通行时，无害地通过毗邻地面的特权；所谓紧急情况的特权，例如遇到暴风雨时把一条船依靠在一个码头上或在被一个携有斧子的疯人追赶时为了逃跑躲避而穿过邻人的土地；一个与秘密通报损坏名誉的消息有关系的人，享有将该消息传达给另一个与该消息有关的接受人的特
91 权。最后，第六，权利还被用在纯伦理意义上来指什么是正义的。在欧洲大陆的各种语言中，我们译为“权利”的这个词，另外还有法律的意义。

利益、利益加上保障这种利益的法律工具、狭义的法律权利、权力、自由权和特权，这六者在任何细心的思考里，都需要加以区别。不幸我们没有一个用于第二种意义的词，而这一意义却往往是很重要的。在欧洲大陆，直到十九世纪最后三十多年，而在英美，则直到这一世纪，才开始有了上面这些区分。因而我们的术语仍然有缺陷，这是不足为奇的。

我们一定要记住：一个利益可以为一个不具有狭义意义上的法律权利的权力所保障。例如：妻子受赡养的利益，由一种以丈夫的信用来担保必需品供应的权力所保障。可是在普通法上，妻子无权就这一点控告丈夫。有时，一种利益可以同时用各种不同方

式加以保障。比如,一个土地所有权人的利益受到下列各种方式的保障:占有土地的法律权利;排除其他人于土地之外的法律权 92
利;处理土地的法律权力;使用土地和享有其果实的自由权;以及移去邻人所置的、危及土地的障碍物的特权。

但是所有这一切刚刚被分析派法学家们所提出的时候,有些法学家却在本书前一章所讲的怀疑论的思想方式影响下,马上开始否认有权利这样的东西存在,否认在法律秩序所承认和保障的各种主张后面,除了那些掌握政治组织社会的权力的人所施加的强力以外,还有什么别的东西。因而狄骥说:"个人没有权利,集体也没有权利。"这就是说,他认为在法律所规定的促使行为或不行为的各种能力背后,不存在人类的任何品质、道德主张或被承认的利益。法律单纯地实施它所确定的各种社会职能。在社会中,每个人都有自己要履行的某种职能。不能容许他不去履行这种职能,因为如果他不去履行,就会产生对社会的危害。所以他所做的违反这种职能的每一个行为都要受到压制,而他为了实现这种职 93
能所做的一切则都受到保护。但是他的各种主张、要求或需要,则都是与此完全无关。然而人们的各种主张、要求和愿望却总是不断地向立法机关、法院和行政机关压来,除非为他们作出某种规定,他们是不会满意的。狄骥向我们提出的,实际上只是一种用来确定承认利益和划定利益界限的价值准则。

马克思的法学门徒认为所有这一切都是属于与社会上或经济上占统治地位的阶级的自我利益有关的事情。代表和表达这种自我利益的法律,告诉我们中的某些人,去预期法律将强制其他人去承认和服从的某些事情。各种权利乃是实现私有财产的手段。在

将来没有财产因而也没有阶级的理想社会里，权利将消失，因为权利所依靠的是统治阶级将其自我利益强加于在其统治下那些人身上的权力。

另一类型的思想家，发挥了一种新型的分析法理学，他们认为
94 基本概念是过错，而不是权利和义务。没有因侵犯权利而造成的过错；也没有和权利相关联的义务。有过错就是因为某人做了某件事，而对这种事法律规则曾威胁要带来使用国家强力的后果。如果这种强力是基于某个个人提起诉讼而行使的话，那么他便可以从这里得出一个他具有一种权利的没有保证的推论。可是法律并不是为了保障他的权利而施加威胁。他的权利是从威胁的效果里推论出来的。就像霍姆斯法官所说的，法律概念备受嘲笑，一切伦理成分都被清除了。

关于这种法律威胁的理论和随之而来的我们一向称之为权利的威胁理论，我们将说些什么呢？如果我借钱给你的话，难道除了只考虑一旦你不把钱还给我时，就将出现由法院或警官拿着强制执行命令来向你要债，并将钱还给我的威胁以外，就没有别的考虑吗？如果你变卖我的表的话，难道除了考虑如果你果真这样做，警官就会拿着发还物件命令来，将表索回并交还给我的威胁外，就没
95 有别的考虑了吗？如果你诽谤我的话，难道除了考虑如果你果真这样做，陪审官就会作出一个令你赔偿损失的裁决这种威胁之外，就不考虑别的什么了吗？如果你根据一个委任证书接受任命的话，难道除了考虑衡平法院会要你按照善良行为的标准办事，并使你就牺牲受益人利益所得的利益对他负责这一威胁外，就没有其他可以考虑的了吗？如果在所有这些场合，我们只考虑特定的事

实情况，那么就必须为每一种特定事实情况规定一个特定的威胁。可是自从十八世纪以来，任何一个最详尽的法典都未曾企图这样做过。这是由于在各种威胁（如果你们愿意这样称它们的话）的后面，有着为人们所理解、得到人们承认的和被划定界限的各种利益，还由于有着我们谋求通过威胁手段来加以实现的许多公认理想，使我们能有把握地应付绝大多数新产生的事实情况，而不必预先为每一情况规定和颁布新的详细的威胁。威胁理论是将一整套法律，像刑法典一样，看作是预先为每一个确定的、详细的事实情 96
况规定一个确定的、详细的威胁性后果这样一种思想而产生的结果。

这种认为不存在权利而只存在为政治组织社会的统治机构所宣告的威胁，这种威胁被执行后个人能获得一定好处的观念，是政治专制主义在全世界兴起的象征。在专制政体和这样一些法学理论的支配之下，专制者或官僚就没有必要去为权利操心了，也就是说，没有必要去为任何一个人的利益、要求或需要而操心了（不论其是否正当的、合乎道德、正义的或是否与其他人所主张的相协调）。宪法上的保障只是虚幻的保障。人们对它们可以置之不理。只要统治者发出威胁，并且有一个在他控制下的强有力的政治组织来贯彻它们，这就够了。只要有一个行政官员被授予执行某些威胁的权力，这就够了。任何一个人都没有任何资格提出各种权利来反抗该行政官员行使其权力的方式。行政机构的这些观念，在目前政府中是极为普通的，它们是这样一些理论的产物：认为我们不能对所要保障的要求的性质提出任何证明；认为我们不能有 97
把握地建立任何价值尺度；认为我们无法令人信服，一方面，鉴于

其他要求的存在，我们所承认的要求必须有所限制，另一方面，根据我们赋予某一要求的价值并加以衡量，确定某一要求应当优于其他要求；认为法律除开是威胁的总和外，再没有别的东西。我们只有试图做些什么，再没有别的更好办法。如果我们放弃我们过去曾设法想做的事，并且说："无论有无理由，让那些控制政治组织社会的强力的人去行使他们认为合适的各种威胁吧"，那么我们也就放弃了从古典罗马法学家时代以来使法律成为文明的一个主要表现的那些努力了。

把这些说法称为"现实主义"，这是自吹自擂，而不是说明问题。它们忽视了经由政治组织社会所进行的社会控制的一个最重
98 要的特点，即谋求在理性的基础上并以人们所设想的正义作为目标来实现社会控制。这种所谓法学的现实主义很像艺术的现实主义一样，后者迷信丑恶和虚伪的教条（因为那些憎恶教条的人可以像宣扬教条的人一样是教条的），认为丑恶的东西既存在着，因此丑恶的东西就是重要的。法律秩序的各种特点一直存在着，而且有些目前存在着的特点，背离或不合乎我们企求实现的各种理想。可是在文明史中，当我们对内在本性的控制有了进展时，我们就越来越能控制各种背离理想的现象，而使其更加接近理想。究竟什么是我们作为建立法学理论根据的法律秩序的主要特点，是各种背离和不合乎理想的现象呢，还是对各种背离理想现象的日益增长的控制和各种不合乎理想的现象的日益减少呢？

让我用艺术的现实主义的例子来加以说明。不久以前，一个法律学校的一些朋友们送给这个学校一幅法官的画像，这个法官是该校的一个毕业生，他在司法界的长期经历是杰出地献身于正

义理想和为公众福利取得出色成就的经历。画像的美术家在美术界享有盛名，人们一向选聘他在联邦首都进行重要的设计。但至
少在这一次，他觉得为了真实起见，应当成为一个现实主义者。好 99
像那位法官有个粗大的拳头，而且当沉思时有在自己面前握着拳头的习惯。他的朋友们没有一个曾经注意过这一点，但是那个美术家却看到了，并且就在这一点上看到了真相。所以他把那个粗大的拳头放在前景，作为这张画像的突出的特征。它是那样显眼，以致引起了看画的人的注意。如果某人的凝视能越过这个拳头，那么他就能看出法官的不是很被着重的沉思面貌。但是对看这张画像的大部分人来说，拳头就是整幅的画。它把画貌全给遮住了。但是，究竟什么是这个法官的主要特征，是大拳头（它肯定是存在的）呢，还是沉思的面孔呢？

重要的是法律权利背后的要求。如果没有一个在理性基础上受到承认的要求的话，那么就只有为了强力本身而任意行使强力，这恰恰是我们在独立革命时所反抗的，而且为了防止这种情况，我们在紧接着《独立宣言》之后，就建立起了以分权为基础并冠以一个《权利法案》的政府结构。

如果从坏人的角度来说，威胁是对法学理论的考验的话，那么 100
从其他的角度来看时，便可以有其他的解释。从即须采取行动的人的角度来说，我们可以称威胁为一种规则，它为善良的好人指出正确的道路，这条道路正是他想要知道和想要走的道路，而对于愿意走另一条道路，但又有所害怕的不善良的人，也同样可以这样说。从即须作出判决的法官的角度来说，威胁是在规定或指引他作出正义决定时指导他的规则或原则。从企图忠告坏人必须留心

什么和指导好人如何在指定的方式下进行诉讼的律师的角度来说，威胁是预测的基础，即对掌握政治组织社会之权力的官员就其处理问题时将采取什么行动进行预测的基础。

诚然，从上述每一个角度出发，人们都可以发挥关于法律作为一种威胁的观念。但是，难道我们非要从某一角度出发来这样做不可吗？如果为了合乎科学和成为现实主义者，我们一定要冷酷无情的话，难道我们不能坚持把实际上被提出的各种要求、需要或
101 愿望作为我们的出发点，同时问一问我们怎样可以使那些能够对各种要求进行调整，并在适当限度加以保证的威胁与对其他人的其他要求协调一致呢？怎样承认甲、乙双方的要求而不致消灭任何一方的要求——并且不致使双方中任何一方去寻找一方企图消灭另一方的解决办法，这难道不是一个真正的问题、一个超过虔诚愿望的问题吗？当人们被赋予权力时，他们就会倾向专横。法律从一开始就设法压抑这种倾向，而就整个来说，是做得很成功的。我们不要向那些“消极放弃”的哲学家们让步，认为这种倾向是不能加以压抑的，认为那些掌握政治组织社会的权力的人，不管他们愿意与否，他们必然是要专横武断的。这样的哲学，不是罗马古典时代以来成为法律史上的创造性力量的哲学。这样的哲学，不是使从奥古斯都①到亚历山大·塞弗拉斯*时代的罗马法学家们的
102 著作成为兹后全世界法律工作者和立法者的知识源泉的那种哲学。这样的哲学，不是把《大宪章》中关于救济具体冤屈的具体规定

① 奥古斯都（Augustus，公元前63—公元14年），罗马帝国皇帝。

* 亚历山大·塞弗拉斯（Alexander Severus），公元二世纪二三十年代的罗马帝国皇帝。——译者注

订入保障整个英语世界自由的各种权利法案中去的那些人的哲学。这样的哲学,不是使我们能把英国中世纪的土地法和十七世纪的程序法作为十九世纪美国法律的根据的那种哲学。这样的哲学,不是从十二世纪罗马法研究复兴以来使文明和法律一起前进的那种哲学。

第四章　价值问题

103 价值问题虽然是一个困难的问题，但它是法律科学所不能回
避的。即使是最粗糙的、最草率的或最反复无常的关系调整或行
为安排，在其背后总有对各种互相冲突和互相重叠的利益进行评
价的某种准则。这种准则可能仅仅是保持和平。它可能是保持社
会现状。它可能是促进最大限度的自由的个人自我肯定。它可能
是一个占统治地位的社会或经济阶级或是争取成为占统治地位的
阶级的自我利益的实施。它可能是维护和加强一个已经确立的政
治组织的权力。如果在有些时候和有些地方，这些价值准则是或
多或少无意识地被树立起来的话，那么由于立法者和法律工作者
们的出现，这些准则就日益获得了系统的发展和制定，并日益与文
明社会中的各种生活假说发生关系。在法律史的各个经典时期，
104 无论在古代和近代世界里，对价值准则的论证、批判或合乎逻辑的
适用，都曾是法学家们的主要活动。罗马法学家同希腊哲学的接
触；在中世纪书院里，罗马法和神学伦理学的并行教授；与理性哲
学的兴起同时，法学从神学中的解放以及法律从查士丁尼原文*

* 查士丁尼原文，指东罗马帝国皇帝查士丁尼（Justinianius，483－565 年）所系统编纂的罗马法，即后世所称的《查士丁尼国法大全》。——译者注

中的解放；以及历史法学和各种关于自由的形而上学理论的同时兴起——所有这些都标志着法律科学的不同时期，因为在每一种场合，人们都使各种价值准则适应当时的法学任务，并使它们符合一定时间和地点的社会理想。

法学家曾经设想一种以神圣秩序为典范的法律秩序，因而要求权威者提供一个准则。他们曾经考虑使法律秩序符合于一种道德秩序，这种道德秩序或者是从物质自然界秩序的类似情况中被启示出来，或者是部分地从启示中得到证明和部分地通过理性而被发现。有时，他们曾经设想法律秩序是一种理性的秩序，因而设
想一种来自纯粹理性的价值准则。在这种思想方式中，理性被认 105
为是能够启示一种具有普遍的和颠扑不破的效力的自然或理想法律的东西，它甚至是，如同我们现在所了解的，一种在某一时间和地点的实在法和法律制度的理想说明。有时，他们还曾经认为法律秩序是以经验为依据的，因而曾经认为它是一种代表文明社会生活经验的价值准则。在那种思想方式中，生活经验被设想为通过各种政治和法律制度在调整关系和安排行为时的经验所发展而来的，这种经验由立法者、法官和学者们制定为各种公式，并由法学家们加以批判和系统化。因而，他们曾经设想法律秩序乃是一种历史秩序。有时，他们还曾经认为法律秩序是一种自由的秩序，一种保障每个人（所有其他人也都一样）在最大限度上自由地运用其意志的制度。在这个观点中，就有一种为形而上学所论证的价值准则。更近一些时候，有人企图创造一种以经济学为基础的价值准则或企图从阶级斗争理论中推论出一种价值准则来，他们把
价值归因于一个阶级而不归因于个人，归因于以一个阶级的地位 106

所提出的要求，而不归因于以个人生活或社会生活的地位所提出的要求（社会生活地位把社会看作一个整体）。

今天的法学理论是处在什么情况呢？有人主张最大限度地满足物质需要。更多的人则辩护说要求任何一种价值尺度都是不可能的，或者即使建立起一种价值尺度的话，法官和官员们也不会遵守它。前一种看法以认识论为根据。后一种看法则在弗洛伊德*心理学的基础上得出结论。无论书本里对价值标准是怎样说法，法官和官员们的实际行为将首先为愿望所支配，而在事后把理性和权威抬出来以满足另外一种愿望，也就是使它显得好像是合理的愿望。前一种看法认为法律是一种行使国家强力的威胁，从而设想法律是一种强力的秩序。后一种看法则根据个人心理来解释司法和行政活动，从而设想法律是一种心理冲动的秩序。

霍姆斯法官则一反上世纪的形而上学法学，而从分析的观点
107 出发来立论，不止一次地表示他似乎把法律在一切意义上都归结为强力。例如他说："我感到很明显，不仅是君主的，而且也是所有私人的 ultima ratio〔最终论证〕是强力。"但这并不意味着强力乃是法律价值的最终尺度。它意味着价值尺度为了要成为一种有效的尺度，最后必须为强力所支持。霍姆斯在三十年以后又说："在谈到一部 Corpus Juris〔法律大全〕的发展时，根本的问题在于社会上各种占统治地位的势力所需要的是什么以及它们是否需要到如此迫切，以致不管有什么抑制在阻碍着都在所不顾。"可是社会

* 弗洛伊德（Sigmuud Freud，1856－1939 年），奥地利心理学家、精神分析学派创始人。——译者注

上各种占统治地位的势力所需要的东西，在过去都被法学家们弄成一种理想形式，各种法律价值尺度只被发觉是符合于这种理想，而不是从每种场合所发生的具体需要中去发现出来。另一方面，今天有这样一种学说，它把每一个正在处理的案件中实现一种威胁或表达一种具体愿望的单独的判决或行政决定，当作是唯一的、其本身就是法律，这样一种学说更远远地超过了霍姆斯法官想把法律秩序说成是一种单纯的强力秩序的看法。霍姆斯认为道德是 108
“对强力的最终统治地位的一种制约”。我国政治制度的奠基人认为法律是对掌握政治组织社会权力的人行使强力的一种制约。可是目下的学说却认为各种制约都是幻想。只有为政治组织社会的官员所行使的强力的存在才是法律。

这样一种学说在实际上可能意味着什么，完全可以由国际法的现实情况来加以说明。作为一个关于业已成为社会控制主要手段的东西的理论，它是不能令人满意的。无疑，我们不能提出一种每个人都必须接受和遵从的价值尺度。但是我们不能因为这一缘故，就必须要把法律秩序搁在一边，直到完成这一不可能完成的任务为止。法律是一个实际的东西。如果我们不能建立一个为每个人所同意的普遍的法律价值尺度，也不能由此得出结论，我们必须放弃一切而将社会交给不受制约的强力。我们有着几个世纪以来 109
用法律来调整关系和安排行为的经验，而且我们已经学会了去发展这种经验，并利用它去衡量和评价各种利益。爱因斯坦*曾教导我们说，我们生活在一个曲线的宇宙中，这里没有任何直线、平

* 爱因斯坦(Albert Einstein，1879—1955 年)，著名物理学家。——译者注

面、直角或垂直线。可是我们并不因为这一原因而放弃进行测量。直线和平面等等是不存在的。但是作为一种实际活动的各种假设,它们为了某种实际活动的实际需要,已经相当接近真实。被近代各种法律体系所假设或接受的价值尺度,也是这样。即使我们不能证明它们,我们却可以利用它们,把它们看作为了我们的实际目的已经足够地接近于真实。

法律在实际上对价值尺度这个问题是怎样处理的呢?

如果我们着眼于各种法令的实际制定、发展和适用,而不着眼于法学理论的话,那么我们可以说已经有了三种方法。一种是从经验中去寻找某种能在丝毫无损于整个利益方案的条件下使各种冲突的和重叠的利益得到调整,并同时给予这种经验以合理发展

110 的方法。这样,尺度就成为一个能在最小阻碍和浪费的条件下调整关系和安排行为的实际东西。如果我们记住戴西*是在法律上被承认的利益这个意义上使用“权利”一词,那么他很好地说明了这一问题:

“怎样才能既不削弱联合行动的权利,又不剥夺个人自由权的价值;怎样才能既不限制联合行动的权利,又不破坏个别公民的自由权或政府的权力?目前到处都提出了这个问题,而且任何一个地方都没有得到一个相当满意的解决,了解这一点是极为重要的。这个事实至少提出了两个结论。一个结论是,在英国关于在处理我们的团体法时所感到的困难,其所以产生,在很大程度上,既非由于雇主的贪欲,也非由于工人的无理取闹,而是由于事物的性

* 戴西(Albert Venn Dicey,1835—1922年),英国法学家。——译者注

质；另一个结论是，使两种根本冲突的权利（即个人自由的权利和结社的权利）得到协调的方法，充其量只能是在这两者之间达成一个大体妥协。这样一个对一个理论上不能解决的问题的实际解决办法，有时是可能的。我国现行的诽谤法，就可以证明这一点。某甲的随意说话或写作的权利和某乙的在财产或品格上不因某甲的
言论自由而受到损害的权利，诽谤法就是这两者之间的大体妥协。111
这种妥协是成功的，它实质上容许了言论自由，同时又保护了英国人不受诽谤。”[①]

法律秩序实际上就是在这种方式下发生作用。这就是法院现在正在做的和至少从第一世纪那些罗马法学家以来法官们或法学家们一向在做的事情。在近代法律的全部发展过程中，法院、立法者和法学家们虽然很可能缺乏关于正在做的事情的明确理论，但是他们在一种明确的实际目的本能支配之下，都在从事于寻求对各种冲突的和重叠的利益的实际调整和协调方法，以及（在不可能做得更多时）进行实际的妥协。罗马法学家在公元初两个半世纪中所完成的许多调整已经经受住了时间的考验，并经历了各式各样的社会、经济和政治变革，而在今天通行于全世界。这里至少存在着一种有利于消灭或减少阻碍和浪费的工程学的价值。威廉·
詹姆士认为，凡是以最少的牺牲予人类要求以最大效果的东西，都 112
具有一种伦理的价值。[②] 任何人如果接受新黑格尔派对文明的解释，那么他就会认为，这种以最小限度的浪费来调整各种互相竞争

① 戴西：《十九世纪英国的法律和舆论》（英文版），第 468 页。

② 詹姆士：《信仰的意志》，英文版，第 195—206 页。

的利益，就对文明有利，因而就有一种哲学的价值。

但是法律秩序的实际过程，并不止于用经验（即通过反复试验和司法上的取舍）去发现有助于调整各种冲突或重叠的利益的东西。理性也像经验一样地有份。法学家们定出各种法律假说，即关于一定时间和地点的文明社会的关系和行为的各种假设，并且用这种方法为法律推理得出各种权威性的出发点。经验在这个基础上由理性所发展，而理性则受到经验的考验。于是，我们就有了
113 第二种方法，即依照一定时间和地点的文明的法律假说来进行评价。当新提出的主张要求得到承认时，就用这些假说来加以衡量。当它们被承认后，就用这个尺度来调整它们和其他被承认的利益间的关系。当它们与其他利益的关系被划定界限时，用来保障这些利益的手段也是用同一尺度来确定的。

我在三十年以前，为了系统地说明私法（即规定各种个人利益和个人之间关系的法律）的目的，曾设法将我们此时此地文明社会的法律假说，陈述为五个命题和某些推理。就本书的目的来说，我们不需要再来注意这些推理了。我当时想要做的是要陈述法律对占有、财产、各种法律业务及其形成的关系以及对过错的各种假设。我现在提出如下几点假设：

第一，在文明社会中，人们必须能假定其他人不会故意对他们进行侵犯。

第二，在文明社会中，人们必须能假定他们为了享受其利益的
114 各种目的，可以控制他们所发现和占用的东西，他们自己劳动的成果和他们在现行的社会和经济秩序下所获得的东西。

第三，在文明社会中，人们必须能假定与他们进行一般社会交往的人将会善意地行为，并从而将：

（一）履行由他们的承诺或其他行为合理地形成的合理期待；

（二）按照社会道德感所给予的期待实现他们的约定；

（三）将因错误或在非预期或不完全有意的情况下弄到手的，即在有损别人的情况下所收下的他们在当时情况下不能合理地期望收下的东西，以原物或其等值物归还；

第四，在文明社会中，人们必须能假定那些采取某种行动的人 115
将在行动中以应有的注意不给其他人造成不合理损害的危险；

第五，在文明社会中，人们必须能假定那些持有可能约束不住或可能逸出而造成损害的东西的人，将对它们加以约束或把它们置于适当的范围内。

霍金* 教授认为这些假说建立了“哲学和法律科学之间的联系”。[①] 至少，这些假说似乎已为上一世纪末期的法律所证实，并且也为新提出的要求提供了一种价值尺度。但是越来越明显的是，此时此地的文明要求规定出某些其他的很不容易加以陈述的命题，因为有关利益的冲突还没有得到彻底的调整，人们还不能合理地信赖使调整工作得以合乎逻辑地进行的基础。

一般地说，保障有工作的人对工作的前提性要求，正在被承认。但精确地说，究竟对哪一类有工作的人和哪一类工作，才承认有这种权利，却并不是清楚的。而且，与在一个工厂里掌握多数票

* 霍金（W. E. Hocking，1873－1966 年），美国耶鲁大学、哈佛大学法学教授。——译者注

① 霍金：《法律和权利哲学的现状》，英文版，第 95 页。

的组织进行集体谈判的制度，似乎包含这样一种命题，即：与占优
116 势的多数人组织相比，少数人对自己的工作将不再有被承认的权利了。目前人们充其量只能说，雇主和被雇人的关系正在从契约的领域中被移开，而趋向于包括一种不依靠协议的工作保障。

另一种正在出现的法律假设似乎是，在今天的工业社会里，雇用着许多人的企业将负担可称为人类进行活动中的损耗的责任。各项工人赔偿法律的背后就有着某种这样的假设。但在执行那些法律时，有很多情况要求一个更广泛的命题。也还有一些其他的象征，说明存在着第三个命题（这一命题可能包括了第二个命题），这就是个人的不幸将由整个社会来负担。在称为责任保险理论和
117 许多社会保险立法背后，似乎就有着某种这样的前提。陪审官有一种倾向，认为当任何人受伤时，某一有能力负责赔偿的人就应当赔偿，在这一倾向背后也许就有着想要达到某种上述前提的想法。在这样的一些案件里，布兰韦尔勋爵*往往把一个扒手的故事讲给陪审官听，这个扒手到一个慈善布道会去，布道者的口才使他感动到这样地步，以致他掏了旁边每一个人的口袋，而把掏来的钱全都放在捐款盘里。布兰韦尔还建议，有人会要求一个法官以下述方式来指示陪审员："先生们，唯一的问题是：你们**真正**感到遗憾的，是原告还是被告？"利用一般裁决来促进"公平地分配经济剩余"这样一个众所周知的现象，在其背后可能就有对工业社会生活中所包含的风险进行分配的某种原始观念。在上一世纪，这样一些生活前提肯定是没有的。在今天的社会里，人们越来越多地假

* 布兰韦尔勋爵（Lord Bramwell，1808—1892 年），英国法官。——译者注

定这些前提。我们可以有把握地说，上一世纪的主要趋向是以一
般安全的尺度来看待各种利益。而今天的日益增长的趋向则是以 118
个人生活的尺度来看待各种利益。因此，关于某些问题的法律，正
在从仅为适应一个管理得当的经济秩序的需要中更多地解脱出
来，这是不足为奇的。

第三种价值尺度，无论在罗马法和近代世界法律的古典时代都被使用过，而在法律成熟时期则完全被确认了，这就是关于社会秩序从而也是关于法律秩序的一种公认的、传统的权威性观念，以及关于法律制度和法律学说应当是怎样的东西，把它们适用于争端时应当取得什么样的后果等的公认传统性权威观念。

不用说，这样一些为法律所吸收，成为决定争端的权威性指示
之一部分的有关理想社会秩序的图画，并不是一定时间和地点的
社会秩序的摄影或甚至理想化的摄影。它们事实上只是以往社会
秩序更加理想化的一些图画，正在经历着一个按照目前社会秩序
的细节加以逐步润色的过程。例如，在十九世纪前期美国形成时
代定型的美国法律的公认理想，就更接近于美国过去开拓时期的 119
农业社会，而不那么接近于二十世纪美国典型的都市、工业社会。
一般说，人们总设法根据过去社会秩序的图画来解释目前的制度。

例如，柏拉图的《理想国》就是一幅理想的希腊城邦的图画。亚里士多德的《政治学》是一本关于作为一个独立的、在政治上和经济上自足单位的希腊城邦的政府的论著。他们每人心目中都想着斯巴达，而那时斯巴达的国家类型正在从舞台上消失。他们每人心目中都想着希腊城邦，而那时这些国家的时代已成过去。再有，中世纪法学家的思想里都有过“帝国”的学院式概念——即关

于一个囊括整个基督教世界并与奥古斯都、君士坦丁* 和查士丁尼的帝国一脉相承的帝国的概念。这样一个具有普遍法律的普遍帝国的观念，产生了曾为半个近代世界的法律所接受的一种理想，而这种理想至今仍然对于各地的法律思想具有重要意义。可是这种使罗马帝国理想化的理想，是在罗马帝国业已完全过去和世界

120 已经处于继宗教改革后的民族国家前夕时产生和成形的。

还可以考虑我们的十七世纪经典法律著作背后的图画，如出现在柯克** 的《论利特尔顿》和《第二总论》中的社会和法律秩序的那些公认理想。在我国形成时期，不论对我们的私法和公法来说，这些著作都是新大陆的圣言。在这些著作背后，肯定地并没有殖民地美国社会的图画。它们也不是以伊丽莎白时代的社会为背景而写成的。在利特尔顿*** 的《租地法》里所描述的制度，在写作这本书时，就已是濒死的制度了。这种制度不存在于莎士比亚时代英国的精神里，正如柯克《论利特尔顿》所卖弄的形式逻辑在培根时代只是一种时代错误一样。可是中世纪英国的这种精神，这种对宗教改革前英国的理想化了的图画，在治理世界各地英语民族的法律资料中却是一个经久不衰的要素。

121 再有，国际法也提供了一个再好不过的例证。从十七世纪以来，国际法一直是以格劳秀斯写作时代的政治世界的图画作为它的背景的。十七、十八世纪乃是专制政府的时代。属于法国旧制

* 君士坦丁(Constantinus)，古罗马皇帝(公元 306－337 年在位)。——译者注

** 柯克(Edward Coke，1552－1634 年)，英国法官，法学家。主要著作是《英国法总论》(四卷)、《论利特尔顿》和《第二总论》即分别指总论的第一、二卷。——译者注

*** 利特尔顿(Thomas Littleton，1407－1481 年)，英国法官，以《租地法》一书而著名。——译者注

度君主那种类型的个人主权者当时统治着西欧的各主要国家。国际法的问题在当时就是一个调整这些个人主权者间的关系和指导他们的国际行为的问题。他们以富有训练的常规军进行战争。他们如此完全地代表他们各自的国家，以致为了一切实际的目的，简直可以把国际关系看作就是主权者之间的关系，而关于战争的规则，可以被看作是对主权者交战行为的限制。国际法是根据这幅图画成长的，而我们现在想的和讲的也还是根据它的模型。可是它早已不反映现实情况了。

关于今天法律所安排的社会的图画，我们也可以作同样的描述。作为公认理想，这幅图画现在仍然为司法细节所遵循。从十七世纪到十九世纪，这幅图画曾起了支配作用，而大概在十九世纪，它才具有它的最后形式。在这幅图画中，关系是被忽视了，每 122
个人都成了独自存在的人，他是一个在经济上、政治上、道德上从而在法律上自足的单位。他要通过自由竞争来为自己寻求位置。至善就是这些单位最大限度的、自由的自我肯定。这些单位的主要特征是它们的各种自然权利，即它们赖以享有某些东西或自由地做某些事情的那些品质。法律的目的是保障这些自然权利，最充分地和最自由地放任这些单位去进行竞争性的占有活动，并以最低限度的干涉来管理这种竞争。只不过十年以前，一个人还必须在表面上对这幅图画口头上加以吹捧，否则就会被人打上社会主义分子或共产主义分子的烙印。这幅图画在我们这里可能比其他地方维持得更久些，因为它的确相当好地反映了一个拥有大片无人居住的公有土地和正待开发的自然资源的大陆上的一个开拓时期的、乡村的农业社会，但是它已不再是一幅今天必须在那里实

现法律秩序的那个社会的真实图画了。

123 在以往五十年中，法学思想方面至少发生了六个重要变化——它们全都趋向于一个新的方向。

一个重要变化是坚持职能而不坚持内容，即只问法令如何发生作用和它们能否被用来取得正义的结果，而不问它们的抽象内容从抽象的意义说是否是正义的那种倾向。但是，当我们问这些问题时，我们就不能不对法律的目的进行探讨。因为职能意味着为达到某种目的而行使的职能。所以近三十年以来，关于法律秩序的目的所进行的哲学讨论，在法学中占有不断扩大的地位。

第二，发生了一种转向于强调经济的变化，把重点放在需要上而不放在意志上，把自由的自我主张认作只是许多人类需要、要求或愿望中的一种，以及把寻求最大限度地满足需要作为重点，而不是寻求最大限度的意志自由。

第三，与对主观的事物的强调相对比发生了一种对客观事物
124 的强调。例如普遍地摈弃了萨维尼的契约理论，而上一世纪的法学家们（尤其在英国）曾谋求把这一理论同普通法紧紧结合在一起。这个理论是从意志作为法学的中心这一观念中产生的。因而今天人们普遍地摈弃它是很重要的。

第四，我们必须注意强调具体人的具体要求，而不是强调抽象个人的抽象意志。许多社会的、经济的和政治的原因都促成了要求这个着重点的变化。特别促使法学家提出这样要求的，是上一世纪后期和最近三十年来心理学的发展。在近代心理学的攻击下，十九世纪形而上学法学意义上的“个人”以及十九世纪学说汇纂派及其在分析法学中的英国门徒们所主张的意义上的“个人意志”，如同“自然人”和“自然状态”在上一世纪批判性哲学的攻击下所表明的情况一样，都成了靠不住的基础。

第五，我们必须注意同其他各门社会科学进行合作的运动，注 125
意将法律作为整个社会控制过程的一部分来进行的研究。这是二十世纪社会学法学的基本点。试把这一点同十九世纪各门社会科学特有的不合作加以比较。那时，每门社会科学对任何别的社会科学的忽视，绝不是完全由于大学组织的迫切需要和要求每个学者不要涉及别人学术范围的学术上的礼貌，这恰恰是上一世纪的精神——人人只为自己，每门学科只管其本身。这是符合于把人类当作个人集合体的原子概念精神的，在这个集合体中，人们以最小限度的组织性，从事为生存而进行竞争的贪得无厌的斗争。人们把每门学科看作如同从事这门学科的独立和自足的个人一样，也是独立和自足的。

第六，我们必须注意对于把价值的尺度或准则的问题看作比法学问题更为广泛得多这一点的承认——即认为价值尺度问题是各门社会科学共有的一个问题，既要在法学上这样看待，又要在从其与法律科学一切有待解决的问题的特殊关系上去看待。不能用一种“纯粹法律科学”来加以搪塞，“纯粹法律科学”企图重复英国分析法学的方法而把这一问题转推给某门别的科学。一种抛开了 126
法律的理想成分和关于应当有什么样的“应当是什么”的法令的一切考虑的空虚法理学，只是无意识地把这种成分和考虑从边门请回来，加上有意或无意的错误以及当前自称的现实主义者认为十分重要的那种司法过程。

这一世纪还没有过去一半。一直要到某一世纪的后半期，这一世纪特有的思想方式才能肯定地表现出来。耶林在1884年所写的划时代著作的影响，在半个世纪以后才开始在美国一般地为人们所感到。显然，人们不能有把握地说，我们最后将怎样对这一世纪各种相互竞争的和重叠的利益去进行评价。但是今后法学思
127 想的道路的某些部分已经是清楚了。它似乎是一条通向合作理想而不是通向相互竞争的自我主张理想的道路。可是合作不能成为一种对一个法律体系完全令人满意的价值尺度。因为合作是一个过程。它必须是导向某种东西的合作。我认为这个观念将证明是导向文明的合作的观念。但是我不能妄称我能以同样的把握从法律秩序的实际现象和司法活动中去得出这个观念，好像我能从十九世纪的法律秩序的现象、司法过程和法学过程(人们完全可以这样称它)中去得出自由竞争的个人自我主张的理想那样。

直到最近，从地方行政基层开始，扩展到上面联邦政府各部，产生了一种不合作的传统，有时等于是一种固定的习惯了。它过去是而且现在仍然是在不小的程度上明显地表现于：同一地区的行政官员之间缺乏合作；同一地区独立的侦查和调查机关之间缺乏合作；地方检察官和地方法院之间经常地缺乏合作；地方法院和
128 地方行政官员之间发生摩擦；以及法院与法院之间，甚至同一法院里法官与法官之间缺乏合作。再往上，在地方和州之间，过去曾产生同样缺乏合作的情况，而且现在也还往往如此。地方检察官、地方法院院长和地方司法官拒绝在地方上执行州法律，这种情况曾经常导致某个中央机关有撤换或建议撤换权的立法规定。地方警察机关不愿或拒不执行州法律，已经常导致建立州委员会来任命和控制市警察机关的结果。州警察机关曾被要求来执行州的规

章，以防止地方上的阻碍，于是州警察机关和地方警官、地方警察机关之间发生冲突的旧风气有时就重新出现。

还有，联邦政府的不同官署或业务部门（甚至是在同一个部之
下的）之间，在企图实施禁酒时缺乏合作，曾经十分突出；至于行政 129
官员、检察机关和联邦法院相互间不进行合作，更是司空见惯的事情。

在没有关于中央政府的适当规定的联邦中，州与州之间缺乏合作，这是产生我国联邦宪法的主要原因之一。但是我国中央政府的各种权力是受限制的；而在许多已不再具有地方性的事情上，对不同于地方安全的一般安全采取不合作和漠不关心的旧态度，却还保留着。这种态度在州和联邦机关之间进行合作的事务上，甚至更为明显。州对实施联邦州法律进行干涉，联邦对州实施州法律进行干涉，联邦法院和州法院之间在关于同一项财产或争端的管辖权上的冲突，以及联邦政府和州政府对实施另一方法律的漠不关心，所有这些都曾使一些不可思议的事情出现在我们的法律报告之中。在最近这三十年里，在联邦和州机关之间进行有意识的、有系统的合作这一方向上，已有了一个良好的开端。显然，
我们有了进行合作的一种日益增长的精神。但是重要的事实是， 130
直到我们的国家已经存在了一个世纪之久，这种精神才开始成长。同样重要的事实是，我们现在对合作所赋予的价值，是在上一世纪赋予自由的个人自我主张那种价值如此之高，以至于在我们今天看来是极其荒谬的东西，而在当时人们看来，却不算是对官员和地方的极端独立性付出了过高的代价的情况下出现的。

对进行合作的这种漠不关心的态度，并不限于各种政府和

行政的机关。合作的观念远比自由的个人自我主张的传统观念更接近于工业的现实情况。不管怎么说，在大企业中雇主和被雇人是进行着合作的。那种认为他们，并引导他们自己认为，他们彼此之间必然要而且无论如何要从事相互斗争的看法，完全是徒劳的。

此外，这种关于合作的观念远比我们用以衡量事物的竞争性的自由自我主张的观念，更接近于今天的城市生活的现实情况。这只要问一问你自己，关于你自己居住的城市，有多少人正在放任地进行竞争，但又有多少更多的人（或许十分朴实地）正在尽他们
131 作为某个大联合企业的被雇人的本分，以企业的宏伟而感到自傲，并以为它服务来换取很像过去主仆之间那种关系中的保护？

如果合作还不是全部内容的话，那么它也是全部内容里很大一部分。但是我愿意设想，承认合作和在各方面重新加以强调，是走向某种理想的一个步骤，这种理想在包括自由、自发的个人主动精神的同时也包括人类有组织的努力；而且我似乎看到这一理想就寓于文明的观念之中。其实，已经有了这种征象，二十世纪的法律（无论就那批权威性判决资料或就司法过程的意义说），二十世纪的法学思想，以及对具体的个人生活而不是对抽象的个人意志的关怀，其所涉及到的乃是与政治组织社会有区别和相对立的文明。自从宗教改革以来，政治组织社会就曾占有至高无上的地位，而且大部分保持了这种地位，这种至高无上的地位有时曾使政治组织社会显得是一种目的而不是手段。但是万能国家的最极端的
132 鼓吹者们却还不敢把事情做到这样的地步。

一种文明的理想、一种把人类力量扩展到尽可能最高程度的

思想、一种为了人类的目的对外在自然界和内在本性进行最大限度控制的理想，必须承认两个因素来达到那种控制：一方面是自由的个人主动精神、个人的自发的自我主张；另一方面是合作的、有秩序的、（如果你愿意这样说的话）组织起来的活动。如果我们想要保持对自然和本性的控制，使之前进，并流传下去，那么对这二者就都不应该加以忽视。近代思潮不小的成就就在于使我们摆脱了 unum necessarium〔唯一必要〕的观念。我们无须再相信，在我们对人类生活的图画中，我们只能在个人的行动自由，或者合作的有组织活动这二者之中仅考虑其中的一个。我们不能被阻止去接受一个既容许有竞争也容许有合作的理想。我们不要因为承认合作是文明中的一个因素，而被迫牺牲在上一世纪由于建立了一种个人权利制度所取得的一切成就，或被迫牺牲自从以保障个人自由作为基本因素的清教徒革命以来所取得的一切成就。 133

在上述三种可供立法者、法院和法学家采用的评价利益的方法中，我们将能看出，第三种方法虽然曾是法学家的主要依靠，第二种方法在本世纪也很为人们所主张，但这两者现在已很少有用处，而且在实际运用时遇到了困难。这是由于我们已从一种社会秩序过渡到了另一种社会秩序：在前一种社会秩序中，对它的公认理想业已形成，它的各种法律假设也为众所周知；在后一种社会秩序中，还没有充分发展到能容许它制定出一个为所有人都接受的理想（如同所有学派接受上一世纪的理想那样），或提出我们可以确信其为有效的各种法律假设的程度。可是法院调整关系和安排行为的实际工作必须不断地进行。法律秩序不能停顿下来，去等待哲学家们同意一种理想，如同他们在上一世纪所做的那样，也不

能停顿下来去等待法律专业和法院能被吸引或教导接受它作为权
134 威性的理想。法律秩序不能停顿下来，直到社会秩序在一定期间已在一种稳定的条件下安定下来，在这种条件下，它的法律假设才能被承认和被制定出来，从这些假设中推论出来的原则才能被公认为决定争端的权威性指示。在此期间法院必须像过去一样，通过经验来发现并通过理性来发展调整关系和安排行为的各种方式，使其在最少的阻碍和浪费的情况下给予整个利益方案以最大的效果。

索　　引

（页码为原书页码，请参照正文中边码使用）

图书在版编目(CIP)数据

通过法律的社会控制/(美)罗斯科·庞德著;沈宗灵译.—北京:商务印书馆,2017
(汉译世界学术名著丛书:120年纪念版:珍藏本)
ISBN 978-7-100-14493-3

Ⅰ.①通… Ⅱ.①罗…②沈… Ⅲ.①社会法学—研究 Ⅳ.①D90-052

中国版本图书馆CIP数据核字(2017)第154113号

汉译世界学术名著丛书
(120年纪念版·珍藏本)
通过法律的社会控制
〔美〕罗斯科·庞德 著
沈宗灵 译
楼邦彦 校

商 务 印 书 馆 出 版
(北京王府井大街36号 邮政编码100710)
商 务 印 书 馆 发 行
北京市十月印刷有限公司印刷
ISBN 978-7-100-14493-3

2017年12月第1版　　开本710×1000 1/16
2017年12月北京第1次印刷　　印张5½
定价:28.00元